高等医学院校护理学专业教材

护理社会学概论

主　编　王　雯　刘新芝
副主编　张惠霞　杨育华　袁爱丽
编　者　（按姓氏笔画排列）
　　　　　王　雯　任荣芳　刑怡宁
　　　　　刘新芝　许新华　张惠霞
　　　　　杨育华　汪京萍　贾　华
　　　　　晋佩君　袁爱丽　贾玉静
　　　　　董丽萍　谭俊英

北京医科大学出版社

HULI SHEHUIXUE GAILUN

图书在版编目（CIP）数据

护理社会学概论/王雯，刘新芝主编．—北京：北京大学医学出版社，2001.8（2023.7重印）
ISBN 978-7-81071-210-1

Ⅰ．护… Ⅱ．①王…②刘… Ⅲ．护理学-社会学-医学院校-教材 Ⅳ．R47

中国版本图书馆CIP数据核字（2007）第013888号

护理社会学概论

主　　编：王　雯　刘新芝
出版发行：北京大学医学出版社
地　　址：(100191) 北京市海淀区学院路38号　北京大学医学部院内
电　　话：发行部 010-82802230；图书邮购 010-82802495
网　　址：http://www.pumpress.com.cn
E - mail：booksale@bjmu.edu.cn
印　　刷：北京信彩瑞禾印刷厂
经　　销：新华书店
责任编辑：安　林　　责任校对：何　力　　责任印制：罗德刚
开　　本：787 mm×1092 mm　1/16　印张：8.25　字数：206千字
版　　次：2001年8月第1版　2023年7月第11次印刷
书　　号：ISBN 978-7-81071-210-1
定　　价：12.50元

版权所有，违者必究
（凡属质量问题请与本社发行部联系退换）

序

随着现代社会的发展，人们生活水平的提高，社会的疾病谱、死因谱发生了很大的变化，以往各种急慢性传染病被心脑血管病、恶性肿瘤、糖尿病、心因性疾病等所取代，而这些疾病与诸种不良社会因素的刺激和影响有着密切的联系。现代护理学兼有自然科学和社会科学的双重性质，并受人文科学的影响，护理领域是整个社会系统的组成部分，受社会经济、政治、文化等多种社会因素的影响。护理学的研究及护理工作的开展，应与社会的发展要求相一致。

适应社会疾病谱的变化，满足服务对象躯体、心理、社会、精神、文化等多层次的护理需求，不断提高护理工作的质量、水平，现代护理学和整体护理模式要求护理人员必须关注服务对象和护理工作的社会性、整体性，分析、研究引发各种疾病的社会因素，采取相应的知识与技术及社会综合防治手段，有针对性地加以解决。这对护理人员的素质提出了更高的要求，他们不仅需要具备医学、护理专业的知识和技能，而且需要掌握社会人文科学方面的知识和社会工作的能力。

《护理社会学概论》的出版，为护理专业的教育增添了社会学的内容，它从宏观和微观两方面对护理领域中的社会现象和问题作了分析和研究。通过对本教材的学习，将有助于增强我国护理队伍的整体素质，提高护理服务的质量，进一步推动护理学的发展和护理工作的深入展开。

2001.7.5

出版说明

在教育改革不断深入的今天，我国高等医学院校护理学教育获得了大力发展，为适应目前护理教育发展形势的需要，北京大学护理学院和北京医科大学出版社组织医学院校与临床教学医院从事护理专业教学的专家编写了这套《高等医学院校护理专业教材》。本套教材包括护理教育概论、护理伦理学、护理社会学、护理评估、康复护理、临床营养学、精神障碍护理学、老年护理学、中医护理学、五官科护理学、护理美学等，再加上原先出版的现代护理管理等教材，组成了一套完整的护理专业教材。

随着现代医学和护理学科的迅速发展，为达到新世纪人人享受健康的目标，护理专业面临的重要任务是如何为我们的护理对象提供高质量的整体护理，本套教材的编写贯彻了这个宗旨，强调医学模式和护理模式的转变，充分体现了以病人为中心的整体护理理念，内容力求反映护理学基础理论、基本知识和基本技能诸方面的新进展，在注意理论与实践相结合的同时，注重学员能力的培养，体现教材的先进性与实用性。

本套教材适用于全日制本科、成人教育专升本；同时，考虑到各地不同学校使用的需要，我们在编写教材时，照顾到全面性、系统性，各地使用教材时，可根据情况，各有取舍，本套教材也可以作为大专、高职护理学专业的教材；并且又可作为在职护理人员继续教育和岗位培训教材。

目 录

第一章 绪论 (1)
  第一节 护理社会学的由来 (1)
    一、社会学的创立和发展 (1)
    二、医学社会学产生和研究的深入 (2)
    三、护理社会学的形成 (3)
  第二节 护理社会学的研究对象、内容及其学科地位 (4)
    一、护理社会学的研究对象和内容 (4)
    二、护理社会学的学科地位 (5)
  第三节 学习和研究护理社会学的意义 (6)
    一、适应新的医学、护理模式转变的需要 (6)
    二、提高护理工作质量的需要 (7)
    三、促进护理管理科学化的需要 (7)
    四、实施全面护理素质教育的需要 (8)

第二章 护理学发展的社会动因及其社会化趋势 (9)
  第一节 社会需要是护理学发展的根本动力 (9)
    一、防病、治病的需要及实践决定护理学的产生和发展 (9)
    二、社会生产保护劳动力的需要推动医学、护理学的发展 (10)
    三、医学模式转变的需要促进护理学的发展 (11)
  第二节 新技术革命对护理学发展的影响 (12)
    一、技术革命的含义及当前新技术革命的特点 (12)
    二、新技术革命对护理学发展的促进作用 (13)
    三、新技术革命对护理学发展的消极影响 (14)
  第三节 护理学发展的社会化趋势 (15)
    一、护理学发展的历史进程 (15)
    二、护理学社会化的基本内容 (17)

第三章 护理实践中的社会角色 (22)
  第一节 什么是社会角色 (22)
    一、社会角色的一般含义和特征 (22)
    二、社会角色的复杂多样性 (23)
  第二节 病人角色 (24)
    一、什么是病人角色 (24)
    二、病人角色的权利与义务 (25)
    三、病人角色的一般心理特征 (25)
    四、病人角色的遵医行为与护患合作 (26)
  第三节 护士角色 (27)
    一、什么是护士角色 (27)

二、护士角色的权利与义务 ………………………………………………………（28）
　　三、护士角色的基本素质 ……………………………………………………………（29）
　　四、影响护士角色作用发挥的因素 …………………………………………………（30）
　第四节　社会角色理论在护理实践中的运用 ……………………………………………（31）
　　一、护理实践中的角色冲突 …………………………………………………………（31）
　　二、护理实践中的角色不清 …………………………………………………………（33）
第四章　护理人际关系 ………………………………………………………………………（35）
　第一节　护患关系 …………………………………………………………………………（35）
　　一、护患关系的基本模式 ……………………………………………………………（35）
　　二、护患之间的交往方式及影响护患关系的因素 …………………………………（36）
　　三、改善护患关系的方法和技巧 ……………………………………………………（37）
　第二节　护际关系 …………………………………………………………………………（39）
　　一、同级护士之间的关系与沟通 ……………………………………………………（39）
　　二、上下级护士之间的关系与沟通 …………………………………………………（40）
　　三、教与学的护际关系与沟通 ………………………………………………………（40）
　第三节　医护关系 …………………………………………………………………………（41）
　　一、医护关系的历史演变 ……………………………………………………………（41）
　　二、理想的医护关系模式及其作用 …………………………………………………（42）
　第四节　护士与医技、后勤人员的关系 …………………………………………………（43）
　　一、护士与检验科人员的关系与沟通 ………………………………………………（43）
　　二、护士与放射科人员的关系与沟通 ………………………………………………（43）
　　三、护士与药房人员的关系与沟通 …………………………………………………（43）
　　四、护士与后勤人员的关系与沟通 …………………………………………………（44）
第五章　护理人员的社会流动 ………………………………………………………………（45）
　第一节　护理人员社会流动概述 …………………………………………………………（45）
　　一、护理人员社会流动的含义和类型 ………………………………………………（45）
　　二、护理人员的合理流动对护理工作及社会发展的促进作用 ……………………（46）
　　三、研究护理人员社会流动的意义 …………………………………………………（46）
　第二节　影响护理人员社会流动的因素 …………………………………………………（47）
　　一、经济发展对护理人员流动的影响 ………………………………………………（47）
　　二、科学技术发展对护理人员流动的影响 …………………………………………（47）
　　三、经济体制变革对护理人员流动的影响 …………………………………………（48）
　　四、世俗偏见对护理人员流动的影响 ………………………………………………（48）
　第三节　我国护理人员社会流动中的问题及解决措施 …………………………………（49）
　　一、护理人员社会流动中存在的问题 ………………………………………………（49）
　　二、解决护理人员不合理社会流动的措施 …………………………………………（51）
第六章　护理工作的管理 ……………………………………………………………………（53）
　第一节　护理管理概述 ……………………………………………………………………（53）
　　一、护理管理的含义和特点 …………………………………………………………（53）
　　二、护理管理的历史沿革 ……………………………………………………………（54）

三、护理管理的发展趋势 ………………………………………………………(56)
　第二节　我国护理管理的现状及存在的问题 ……………………………………(56)
　　　一、目前我国护理管理的状况 …………………………………………………(56)
　　　二、当前护理管理存在的问题 …………………………………………………(57)
　第三节　护理管理的改革 …………………………………………………………(59)
　　　一、护理管理改革的意义 ………………………………………………………(59)
　　　二、护理管理改革的基本原则 …………………………………………………(60)
　　　三、护理管理改革的具体措施 …………………………………………………(61)

第七章　医疗护理中的社会学方法 ………………………………………………(63)
　第一节　医疗护理中社会学方法产生的历史必然性 ……………………………(63)
　　　一、医学与护理学发展的客观要求和必然趋势 ………………………………(63)
　　　二、人类社会发展的客观要求和必然结果 ……………………………………(64)
　第二节　医疗护理实践中社会学分析的基本方法 ………………………………(65)
　　　一、分析社会因素与生物、心理因素的关系 …………………………………(65)
　　　二、分析社会、生物、心理诸因素地位的不平衡性 …………………………(67)
　　　三、分析社会因素致病环境的环节 ……………………………………………(67)
　第三节　医疗护理中社会学分析的整体性原则 …………………………………(69)
　　　一、着眼于社会的整体性 ………………………………………………………(69)
　　　二、着眼于群体的整体性 ………………………………………………………(70)
　　　三、着眼于个体的整体性 ………………………………………………………(70)
　　　四、着眼于护理工作的整体性 …………………………………………………(72)

第八章　预防保健的社会性与社会学措施 ………………………………………(74)
　第一节　疾病谱的变化与卫生工作的社会目标 …………………………………(74)
　　　一、社会疾病谱、死因谱的新变化 ……………………………………………(74)
　　　二、造成疾病谱变化的社会因素 ………………………………………………(75)
　　　三、卫生工作的社会目标 ………………………………………………………(77)
　第二节　疾病预防的社会措施 ……………………………………………………(78)
　　　一、加强社会人群疾病的预测 …………………………………………………(78)
　　　二、注重环境的综合治理 ………………………………………………………(79)
　　　三、提倡健康的生活方式 ………………………………………………………(79)
　第三节　自我护理、家庭护理与社区护理 ………………………………………(80)
　　　一、自我护理的内容、意义和条件 ……………………………………………(80)
　　　二、家庭护理与社区护理的含义和基本内容 …………………………………(82)
　　　三、家庭、社区护理的意义及其基本原则 ……………………………………(83)

第九章　妇幼保健的社会性与社会护理 …………………………………………(86)
　第一节　影响妇幼健康的社会因素 ………………………………………………(86)
　　　一、社会制度与经济状况 ………………………………………………………(86)
　　　二、婚姻家庭与风俗习惯 ………………………………………………………(87)
　　　三、职业状况与文化状况 ………………………………………………………(88)
　第二节　对妇幼人群的社会护理 …………………………………………………(89)

  一、对妇幼人群社会护理的意义 …………………………………………………(89)
  二、对妇幼人群社会护理的基本措施 ……………………………………………(91)
第十章　老年保健的社会性与社会护理 ……………………………………………(95)
 第一节　中国人口老龄化的趋势 …………………………………………………(95)
  一、老年期的界定 …………………………………………………………………(95)
  二、中国人口老龄化的现状和趋势 ………………………………………………(95)
  三、中国老年人的健康状况和疾病特征 …………………………………………(96)
 第二节　影响老年人健康的社会因素 ……………………………………………(97)
  一、社会角色地位变化对老年人健康的影响 ……………………………………(97)
  二、社会交往对老年人健康的影响 ………………………………………………(97)
  三、婚姻家庭对老年人健康的影响 ………………………………………………(97)
  四、不良生活方式和膳食结构对老年人健康的影响 ……………………………(98)
 第三节　对老年人健康的社会护理 ………………………………………………(99)
  一、加强对老年人的健康教育和自我护理的指导 ………………………………(99)
  二、重视老年人的心理健康 ………………………………………………………(99)
  三、建立以社区为依托，以家庭护理为主的老年医疗保健服务体系 …………(100)
  四、完善和明确老年预防保健的基本指导原则 …………………………………(100)
第十一章　精神疾患的社会性与社会护理 …………………………………………(102)
 第一节　精神疾患概述 ……………………………………………………………(102)
  一、精神疾患的概念及发展趋势 …………………………………………………(102)
  二、精神疾患的社会认识和社会影响 ……………………………………………(103)
 第二节　精神疾患的社会病因 ……………………………………………………(104)
  一、社会政治、经济因素 …………………………………………………………(104)
  二、婚姻家庭因素 …………………………………………………………………(105)
  三、文化职业因素 …………………………………………………………………(107)
  四、社会交往与意外生活事件 ……………………………………………………(107)
 第三节　对精神疾患的社会护理 …………………………………………………(109)
  一、对精神疾患社会护理的意义 …………………………………………………(109)
  二、精神疾患社会护理的基本原则 ………………………………………………(110)
  三、精神疾患社会护理的具体措施 ………………………………………………(111)
第十二章　临终关怀的社会性与社会护理 …………………………………………(113)
 第一节　临终关怀产生的历史必然性及其社会意义 ……………………………(113)
  一、临终与临终关怀的概念 ………………………………………………………(113)
  二、临终关怀的产生和发展 ………………………………………………………(113)
  三、临终关怀的社会意义 …………………………………………………………(114)
 第二节　临终关怀的社会护理 ……………………………………………………(115)
  一、临终病人的心理行为过程及特点 ……………………………………………(115)
  二、临终病人的社会权利 …………………………………………………………(116)
  三、临终关怀社会护理的基本内容和具体措施 …………………………………(117)
 主要参考文献 ……………………………………………………………………(119)

第一章 绪 论

现代科学的发展呈现出既高度分化、又高度综合的趋势，社会科学与自然科学的联系越来越密切，在二者的边缘之处产生出许多边缘学科，护理社会学就是社会学与护理学相互结合的产物。它的产生，一方面体现了社会学的发展和深入，从一般到个别，从宏观进入到微观社会学理论的研究；另一方面也是护理学发展的必然结果。学习、研究护理社会学对护理学的发展和护理实践活动具有重要的指导意义。

第一节 护理社会学的由来

护理社会学是社会学的分支学科，属于微观社会学理论，它是随着现代医学、护理学的发展，在社会学和医学社会学深入研究的基础上逐渐形成的。

一、社会学的创立和发展

社会学发端于19世纪30～40年代，其产生和发展大体经历了三个时期：

第一，初创时期（19世纪30年代～19世纪末）。这个时期的主要代表人物是法国的实证主义哲学家奥古斯特·孔德（1798～1857）、英国的社会学家赫伯特·斯宾塞（1820～1903）以及马克思和恩格斯。

奥古斯特·孔德在他的《实证哲学教程》中首先提出了"社会学"的概念，并提出要建立以实证方法研究社会现象的独立学科。孔德主张用观察、实验、比较等自然科学的方法研究人类社会，他把社会学的研究主题分为两大部分，即社会静力学（研究社会结构和社会制度之间的相互关系）和社会动力学（研究社会发展过程或社会进步）。尽管孔德的社会学说属于历史唯心主义的范畴，但对探求社会内部结构及其发展规律，推动社会各方面的研究，起到了一定的进步作用。

斯宾塞的社会学理论主要围绕社会有机体和社会进化论两方面展开。他用生物有机体和生物进化的观点解释社会结构和社会发展，把社会发展规律简单地归结为生物规律。但他将社会视为"活"的有机体，强调社会的系统和功能，并在孔德的基础上，使社会学体系的内容得到充实和完善，这是他的主要功绩。

与孔德处于同时代的马克思和恩格斯站在无产阶级的立场上，批判吸收了圣西门学说中的积极成分，摒弃了它调和阶级斗争的社会改良主义，把辩证唯物主义运用于社会历史的研究，创立了历史唯物主义；又以此为指导剖析资本主义社会，提出了剩余价值学说，揭示了社会发展的一般规律，使社会主义理论由空想变为科学。从而，第一次将社会学建立在科学的基础之上。马克思、恩格斯是科学社会学的开创者，其社会学的理论虽然尚未形成完整、严密的科学体系，但已具备了社会学研究的基本观点和方法，对现代的许多社会学家均产生了深远、持久的影响。

第二，形成时期（19世纪末～20世纪初）。这个时期的主要代表是法国的埃米尔·涂尔干（1858～1917）和德国的马克斯·韦伯（1864～1920）。

涂尔干继承、发展了孔德的实证主义理论,并使社会学成为正式的大学课程。他认为社会研究应根据社会现象的特殊性,反对对社会问题作生物学或心理学的解释,注重社会结构的决定作用。他强调社会学的研究对象是社会事实,提出社会学研究的功能分析方法。但是,他忽视冲突的创造性功能,存在着保守倾向。

韦伯注重个人动机和主观意义,主张社会学应研究人们的社会行为,提出了"理想类型"作为研究社会、解释现实的概念工具。他关于"科层制度"的分析研究,对现代社会学的发展具有重大的影响。

第三,发展时期(20世纪初—)由于科学技术的发展,计算机及一些新的统计技术的运用,使社会调查日益精确化。从而推动了社会学理论和应用的研究在世界范围内迅速、持续的发展。尤其在美国,社会学美国化的实践,产生了研究城市问题、个人行为问题的芝加哥学派和哥伦比亚学派,进而又相继产生了交换论、符号相互作用论、冲突论、现象学社会论、结构主义社会论、新结构功能主义理论等,形成了多元化的格局。

当代社会学发展的显著特点是:应用社会学研究的比重日益增强;研究机构和研究刊物不断增多;国际间的学术交流活动正处于蓬勃发展的状态;研究的范围越来越广泛,已从宏观进入微观。目前社会学分支已逾百个,有的社会学家将其分为六类,即关于意识形态的社会学,如道德社会学、文化社会学等;关于某一局部社会现象的社会学,如人口社会学、经济社会学等;关于自然现象与社会关系方面的社会学,如生物社会学、生态社会学等;关于边缘学科性质的社会学,如历史社会学、医学社会学等;关于生活形式方面的社会学,如家庭社会学、闲暇社会学等;关于社会问题方面的社会学,如犯罪社会学、越轨社会学等等。各个分支社会学之间在研究对象上既相互区别,又相互联系。

二、医学社会学产生和研究的深入

社会学与医学似乎属于截然不同的学科。但是,随着社会学研究的深入和医学科学的发展,以及生物、心理、社会医学模式的转变,人们逐渐认识到医学的社会性质。虽然医疗实践中离不开自然科学和相应的技术手段,但是由于医学服务的对象是社会中的人,医学领域是整个社会的组成部分。因此,对医学领域中社会现象的关注,既是社会学的任务,也是医学发展的客观需要。

社会学与医学的结合最初与公共卫生事业的崛起密切相关。欧洲资本主义生产发展过程中,尤其是工场手工业时期,由于劳动强度过重和工作条件的恶劣,工人的健康水平急剧下降,尤其在纺织、印刷、采矿等行业职业病发病率不断上升。要防治各种疾病,从根本上是要改善工人的工作条件和居住生活环境,加强营养。而这些问题单靠医学本身是很难解决的,它需要将医学与社会学结合起来共同进行研究。为此,开始引起人们对医学领域中这些社会问题的关注。

从19世纪末开始,一些医学家就注意到社会因素与健康的关系,认识到人类的保健行为受一定社会、文化的影响,医疗组织机构、角色行为、价值观念等,对维护、增进人类健康具有重要的意义。1894年,在社会学较为发展的美国,医学家麦克英泰尔(C·Mcintire)在《美国医学科学院公报》发表的题为《医学社会学研究的重要意义》一文中,首先提出了"医学社会学"的概念。1902年,美国的伊丽莎白·布莱克韦尔(Elizabeth Blackwell)采用"医学社会学"这一术语作为她对性卫生教育、医学教育、卫生信仰等问题所撰写文章汇编的书名。1910年,瓦巴斯(James·P·Warpass)出版了《医学社会学》的专著。同年,美国公共卫生学会设立了研究社会学的部门，对妇女和儿童、居住条件及运用公民投票获得必要的保健立法等，进行了探讨。

到20世纪30～40年代，医学社会学有了较大的发展，人们对医学的社会性质有了进一步的认识。医学家西格里斯（Henry E·Sigerist）在《医生在现代社会中的地位》一文中，指出："当我们考察到现代社会所赋予医生的使命的时候，我们很快便会发现医学的范围是大大的扩展了。医学已经从两个个体之间的私人关系，迅速地变成为一种社会机构，它是一系列社会福利机构组成的长链中的一个环节。医学，通常被看成是一门自然科学，实际上乃是一门社会科学。因为医学的目标是社会的。"随着医学社会学研究的不断深入，大量医学社会学的著作和论文不断问世，研究者不断增加，传播的范围也越来越广泛，从美国、英国，逐步扩展到东欧、日本乃至全世界，并将其纳入了教育体系之中。

医学社会学在我国的研究，是从1981年开始。我国学者阮芳赋在全国第一届医学辩证法学术讨论会上，宣读了《医学社会学的对象、内容和意义》，其中较系统地介绍了世界医学社会学的研究状况，引起了国内学术界的重视。此后，成立了医学社会学组织，逐步深入开展了这方面的宣传和研究工作。并相继出版了《医学社会学概论》论文集（1985年）、《医学社会学》教材（1986年）、《医学社会学》专著（1987年），以及在《医学与哲学》、《中国社会医学》、《中国医院管理》、《国外医学社会医学》分册等杂志上发表了大批医学社会学的论文和译文，在一些高等医学院校还开设了医学社会学的选修课。

三、护理社会学的形成

护理社会学是在护理学和医学社会学深入研究的基础上形成的。应该说，医学社会学的基本内容之中已涉及护理领域的社会问题。然而，之所以将护理领域的社会现象从医学社会学领域中抽取出来进行专门的研究，是由现代护理学的发展、新的医学、护理模式的提出与实施，以及对护理工作重要性的认识决定的。

首先，随着现代医学、护理学的发展，医学模式已转变为生物、心理、社会医学模式，与之相适应的护理模式也由过去的功能制护理转变为全身心的整体护理。护理的内容、范围大大增加、扩展，心理护理与社会护理，预防、保健、计划生育、优生优育、卫生知识的宣教等，已成为护理工作的重要内容。护理人员开始走出医院进入社区，建立社区的卫生服务保障体系，开展社区家庭护理和卫生保健工作，护理工作呈现出社会化的发展趋势，并已成为实现医学模式转变的决定性环节。

其次，随着社会的发展，人们对健康需求的不断提高，不再仅仅追求生活、生命的数量，而且更追求质量。有病的人，要求得到及时而高质量的治疗和护理；健康的人，希望得到卫生、保健、美容、健美、健康生活方式等方面的指导，以满足他们生理、心理、社会的全面需要；而对那些生命垂危的临终病人，他们更需要的是心理的安慰和生活上的照顾，使他们能够平静、安详地走完生命的最后旅程；面对世界人口包括我国人口老龄化的发展趋势，加强老年病的防治和对老年人的生活护理也成为迫在眉睫的问题。

再次，护理学在发展过程中逐渐与医疗相分离，成为与医疗既相联系又相区别、共同为人类健康服务的、相对独立完整的科学理论体系，也使护理领域的社会问题日益成为护理学研究的相关内容之一。护理学的初创者南丁格尔早在1854年克里米亚战争时期为军队服务中，就意识到护理学的社会性，注意改善病人的居住环境，了解并满足他们的各种心理和社会需求，使病人得到了较好的护理。

早期的护理研究把改进护理工作的程序和各项工作之间的分配问题,作为研究的重点之一。如1922年纽约医学院对其附属医院护理工作的研究课题《时间的研究》,揭示了由于医生开处方太多,如不增加人员编制,护理工作很难有效进行。

到20世纪40年代,护理研究的社会学内容有了很大的发展。1948年E. L. Brown发表了关于《护理的未来》和《护理职业的程序》的论文,结合临床探讨了护理人员的合理安排、医院环境问题、护理功能、护士角色、在职教育、护患关系等方面的问题。

20世纪50年代以后,随着护理学的迅速发展,护理社会学的研究也在深入,探讨了护士的职业特点、理想的护士应具备的素质等问题,进一步揭示了护理学的社会性,使之在护理研究中的地位越来越突出。并在此基础上将社会学的研究成果纳入教育体系之中,在许多护理学院相继开设了护理社会学的选修课程。

总之,上述情况充分说明加强护理领域中社会现象研究的必要性和重要性,也说明护理社会学的产生是适应护理学的发展、护理模式的变革及整个社会发展需要的必然结果。

从社会学到医学社会学,再到护理社会学,一方面体现了社会学的发展和深化,从宏观逐渐向微观深入;另一方面,也体现了医学、护理学的发展以及与社会科学相互渗透、结合的性质和趋势。

第二节 护理社会学的研究对象、内容及其学科地位

一、护理社会学的研究对象和内容

护理社会学作为社会学的分支学科,是以护理领域中的社会现象为研究对象的科学。它以哲学系统论的观点为一般方法论,以社会学的基本原理和方法为基础,所涉及的内容是护理学或护理实践中的社会现象、社会问题。

护理社会学研究的具体内容既取决于学科自身的性质又与一定社会的经济、政治制度密切相关。在不同的历史时代、不同的社会制度下,由于经济、政治、文化、道德、教育、科技、行为方式、风俗习惯等等的不同,常常使疾病呈现出不同的演变规律,出现不同的疾病谱、健康谱、人口谱,使护理中的社会角色行为及护理人际关系等具有不同的特点,从而决定护理社会学的研究内容必然有所不同。

针对我国当前正在进行的深化医疗卫生体制改革,建立和完善与社会主义市场经济相适应的,以社区卫生服务中心为主体,以其他基层医疗卫生、康复机构为补充,以大型综合医疗、预防保健机构为技术指导依托的、现代化的卫生服务体系,面临着为社会人群提供预防、保健、健康教育、计划生育指导和常见病、多发病、慢性病的治疗和康复等服务工作的重大任务,根据当前护理领域中出现的社会实际问题,而将护理社会学研究的内容归结为以下几个方面:

1. 关于护理学发展的社会学规律的研究,以探求护理学发展的社会动因及其与社会发展的相互关系。这是从护理学的外部所进行的宏观研究。即把护理学作为一个子系统将其放到社会大系统之中去考察,研究社会经济、政治、文化、科技等对护理学发展的影响和作用,揭示护理学发展与整个社会大系统及大系统其他诸要素的关系,使其更好地适应社会发展的需要,与社会的发展协调一致。

2. 关于护理工作领域的社会学研究。此部分主要涉及的是护理社会实践中的社会问题。

包括对健康、疾病等概念的社会含义；对护理领域中的特定社会人群如病人、护士角色的权利与义务及其社会行为的分析；对护患、医护、护际等护理人际关系的分析；对护理管理体系及其护理人员社会流动的研究等。

3. 关于护理学本身的社会学研究。这是运用社会学方法对护理科学理论中反映出的社会学问题进行考察分析，以揭示其中的社会性。如对老年、妇幼、精神病患者的社会学分析与社会护理；预防保健中的社会措施；临终关怀中的社会学分析与社会护理等等。

二、护理社会学的学科地位

护理社会学是社会学与护理学相互渗透的产物，属于微观的社会学理论。由于它是运用社会学的理论和方法研究护理领域中带有社会性的现象和问题，因而兼有社会学与护理学的双重性质。

随着护理学的发展，它与许多学科相互渗透、形成了一系列的边缘学科。除了护理社会学之外，还有护理伦理学、护理教育学、护理管理学等等。认识护理社会学的学科地位不仅需要了解它与护理学的关系，而且还应把握它同其他与之关联的边缘学科的关系。

1. 护理社会学与护理伦理学的关系

护理社会学与护理伦理学观察、研究问题的侧重点不同。

护理伦理学是护理学与伦理学的交叉学科。它是研究护理人员在为病人、社会提供服务的过程中应遵循的道德原则和规范的科学，它以护理人员职业活动中的道德现象为对象，仅限于研究人们之间的护理伦理道德关系。

而护理社会学则研究护理领域中的各种社会关系，包括业缘关系及与此相联的法律、道德、经济关系等，这比单纯的道德关系要复杂得多。即使所涉及的道德关系，也要将其放到整个社会关系之中去考察。同时，护理社会学侧重于研究护理实践中的社会群体，而护理伦理学则多以个体为对象。

由于护理社会学与护理伦理学的研究对象都涉及护理领域中的社会现象，二者又有相似之处。

护理伦理学研究护理实践中的人们之间及护理人员与医学护理科学之间、与社会之间的相互关系和行为准则、规范，护理社会学也要研究护理实践中的人，必然也涉及人与人、人与社会之间的道德关系。护理伦理学在本质上既是一种特殊的职业道德，也是上层建筑的社会意识形式之一，它由一定社会的经济基础决定，并受社会的经济、政治、文化、风俗习惯等因素的影响和制约。

护理社会学的研究，有助于加深对护理伦理道德现象的认识和理解，而护理伦理学的研究，又为护理社会学关于护理保健行为的社会控制提供了基础，二者之间相互影响、相互补充。

由于护理社会学与护理伦理学之间的相互联系，常常使二者的研究课题出现交叉或重叠。随着现代护理学的发展，在护理领域会不断提出新的社会、伦理道德问题，需要护理社会学与护理伦理学共同研究才能解决。

2. 护理社会学与护理教育学的关系

护理教育学是以教育学的基本原理为基础和指导，根据社会的需要和学生的特点，研究、确定护理教育实践中的教学目标、教育课程的设置、教学方法、教育评价手段、教学管理等要素及其过程的科学。

护理教育作为一种社会现象，也是护理社会学涉及的内容之一。但护理社会学不研究护理教育的具体内容，而是把护理教育置于整个社会及护理实践的整个过程之中，作为护理社会领域的基本要素和实现人的社会化的基本途径去考察，研究、协调护理教育与临床护理工作和社会发展需要等方面的相互关系，二者在研究内容的角度上具有整体和部分的区别。

护理社会学与护理教育学又相互联系、相互影响、相互促进。护理教育学关于护理教育基本要素、过程的研究成果，为护理社会学提供了材料，奠定了基础，有助于社会学从整体的角度研究护理领域中包括教育在内的各种社会现象，揭示社会各要素之间的相互关系。而护理社会学对护理社会领域的整体研究，又为护理教育学提供理论、方法的指导，使其更好地适应临床护理工作和社会发展的需要。

3. 护理社会学与护理管理学的关系

护理管理学是管理科学在护理领域中的具体应用。它既属于专业领域管理学，是卫生事业管理中的分支学科，也是现代护理学科的一个分支。它是研究护理工作规划、组织、人事管理、控制等管理过程和预测、决策、领导、协调等管理活动规律的科学。涉及的范围包括组织管理、人员管理、业务管理、质量管理、病房管理、门诊管理、经济管理、物资管理、科研管理、教学管理、信息管理等，是现代化的科学管理知识和现代医学、护理学知识相结合的产物。

作为社会学分支的护理社会学则研究护理领域中的社会角色、社会关系、社会管理及护理学本身的社会学问题等。它们的研究对象、内容有所不同，也相互区别。

护理社会学与护理管理学又有共同点和密切联系。在研究方法上，二者都重视行为科学、社会调查和系统方法，并以此作为学科的方法论和基础知识。在研究内容上，它们互为补充、相互贯通。有关护理管理的组织机构、运行机制和过程，不仅护理管理学要研究，而且也是护理社会学考察的内容之一。同时，护理社会学涉及的关于社会角色、社会行为、人际关系等方面的研究成果，是护理管理学重要的理论依据和有价值的基础知识。

此外，护理社会学作为社会学的分支，还与社会学、医学社会学等学科有着密切的联系。护理社会学从这些相关学科中汲取丰富的养料，同时又促进这些学科的发展。

第三节　学习和研究护理社会学的意义

护理社会学作为护理学与社会学相结合的交叉学科，对护理学和社会学的发展会产生双重的影响。就护理学及护理实践而言，学习研究护理社会学对适应护理模式的转变，提高护理工作的质量，促进护理管理的科学化以及实施全面护理素质教育，都具有重要的理论和实践意义。

一、适应新的医学、护理模式转变的需要

20世纪以来，随着现代医学的发展，医学模式开始由生物医学模式向生物、心理、社会医学模式转变。

生物医学模式建立在16～17世纪以来的近代医学发展的基础上。在三、四百年的时间里，曾为维护人类健康作出了不朽的贡献。但是，这种模式只见疾病，不见人，只重视生物学因素，忽视心理、社会因素的作用，在对病因的解释、疾病的诊断、治疗、护理方面存在着严重的缺陷。特别是进入50、60年代以来，人类的疾病谱、死亡谱发生了很大的变化。

这些现象表明，发病率、死亡率较高的疾病无不与各种社会、心理因素密切相关。在一系列研究成果的基础上，生物、心理、社会医学与整体护理逐渐取代了传统的生物医学和功能制护理模式。

现代护理学要实施整体护理，更好地为人类健康服务，必须关注护理学的社会性。而护理社会学揭示了护理学的社会目标和发展的社会学规律，深化了人们对护理领域中社会现象的认识，正是适应了医学护理模式变革的需要，同时也是实现其转变的有效措施。

现代护理学只有借助于护理社会学的观点和方法，去研究、探讨护理实践的社会问题，掌握医疗卫生保健中的社会诊断与社会护理，才能最大限度地发挥其维护和增进人类健康的功能。

二、提高护理工作质量的需要

随着整体护理在临床中的广泛实施和护理的社会化趋势，护理工作的内容逐渐增加，范围日益扩展，广义上的护理已成为一项为人类健康服务的专业，它不仅包括执行医嘱，照顾病人，对病人实施医疗、护理等技术性工作，而且还包括心理、社会护理，健康知识的宣传指导及预防保健等工作。护理对象从病人扩展到健康人，从个体扩展到群体。护理工作要求达到对病人身心、人与环境、人际关系的整体性，护理程序的整体性，医疗与护理的整体性，病人需求、护理服务、医院服务的整体性。

为适应社会发展的需要，国务院制定了新时期卫生工作改革和发展的一系列方针、政策，其中把"以病人为中心"和"加快发展城市社区卫生服务"作为改善医疗服务，满足人民群众日益增长的卫生服务需求的重要举措，对医疗护理质量提出了新的、更高的标准。根据这种情况，卫生部医政司在1999年组织编写的《护理程序临床应用指南》一书中，将具有预防医学、公共卫生、社会医学、心理学、妇幼保健、康复医学、营养学、优生优育、老年医学、及食品卫生等方面的知识列入护士业务素质要求的基本内容之中。

目前，护理队伍素质的现状与新形势的发展要求相距甚远，普遍存在着社会人文科学知识的缺乏症。许多护士的护理操作技术非常娴熟，但他们不了解护理工作的社会性，不懂得心理、社会护理的重要意义，把病人仅看成是待修理的"生物机器"，使实施整体护理仅仅流于形式，极大地影响了护理工作的质量和水平。因此，提高护理人员的素质，对他们进行社会人文科学知识的再教育，已成为提高护理工作质量的关键环节。

护理社会学通过对护理领域中的社会现象，如社会角色的权利与义务、求医行为、遵医行为、护理人际关系、及护理科学本身的社会性等方面的研究，可以为护理实践提供理论、方法的指导，增强护理人员社会医学工作的能力，协调、改善各种护理人际关系，特别是护患关系。同时，还可以增加护理人员的社会病例知识，帮助他们正确认识社会因素在疾病的产生、发展过程中的作用，掌握病人的社会病因，采取有效的护理措施，从而提高护理工作的质量和水平。

三、促进护理管理科学化的需要

现代社会的发展，不仅决定于社会内部各要素的状况，而且也取决于社会组织的管理水平，即社会诸要素的结合方式。管理的基本对象是人、财、物、信息等，其中最重要的是对人的管理。管理的基本内容是通过建立相应的管理组织，制定、实施有关的管理制度，将管理对象统一、结合起来。

护理管理的科学化就是以系统论观点为指导，运用科学的管理知识，研究护理工作诸要素的关系，建立、健全、完善科学的护理管理组织、制度并进行正确、有效的贯彻实施，实现管理过程中各要素动态的、有机统一，达到人尽其才、物尽其力，最大限度地发挥护理工作的作用。

目前，由于护理管理人员的整体素质较低，缺乏科学的管理知识和能力，在护理实践中普遍存在着权力管理和经验管理的陈旧管理体制和方法，使整个护理管理工作缺乏科学性，影响了护理质量的提高，远远不能满足广大人民群众日益增长的医疗卫生保健的需求。

要实现护理管理的科学化，使之与社会的发展要求相适应，广大护理人员，特别是护理管理者需要掌握并以护理社会学的理论和方法为指导。护理社会学通过对护理实践中有关护士的使用、培养及护患关系等方面的调查、研究，可以了解护理工作中存在的问题，有针对性地进行改进，从而提高护理管理的水平。同时，护理社会学通过对护理学发展的社会动因、社会学规律、护理管理制度等方面的研究，还可以为决策层提供护理管理改革的理论和实践依据，从而促进护理管理决策的客观性、目的性、科学性，避免主观盲目性。

随着护理学的发展，护理社会学在护理管理中的作用越来越突出，护理管理工作只有不断充实护理社会学的知识，才能使护理管理的科学化水平不断提高。

四、实施全面护理素质教育的需要

适应现代护理学的发展和护理模式的转变，对护理人员的素质提出了更高的要求，不仅应具备医学、护理学的专业知识，而且还需要具备社会学、心理学、教育学、管理学、人际关系学等方面的知识。因此，必须对护理教育结构体系进行相应的调整和改革。

原有的护理教育模式是与生物医学模式和功能制的护理模式相配套的。它以生物医学为主体，以各种类型的医院为导向，以个体疾病的诊断、治疗为中心，有关社会人文科学方面的教学内容十分匮乏。理论、实验都体现生物个体的特征，很少使学生接触、研究社会群体，参与社区服务和社区的实习。同时，护理教育结构的层次较低而又单一，基本上是中专水平的教育结构。这种结构显然不能适应现代护理学发展和护理模式转变的需要。为此，有必要增加护理教育的内容，并对护理教育结构、层次作相应的调整和提高，将护理教育的最终目标应设定在培养具有临床思维能力、人际关系处理技能、教育病人、从事护理科研能力等，并能独立处理卫生保健问题的高级护理人才，以体现素质教育的全面性、综合性。

学习、研究护理社会学，并将其纳入整个护理教育体系之中，作为护理教育的基本内容之一，既体现了实施全面护理素质教育的需要，也是实现全面素质教育的重要手段。

第二章 护理学发展的社会动因及其社会化趋势

护理学的发展必须与社会发展相适应，社会需要与社会的发展是护理学产生发展的根本动力和源泉，适应社会发展的客观要求，护理学呈现出社会化的发展趋势。

第一节 社会需要是护理学发展的根本动力

恩格斯说过，人的需要是一切科学产生的原因。而社会人群和个人对医疗卫生保健的需要，是刺激人们产生进行医疗、护理活动动机和意图的原因。

一、防病、治病的需要及实践决定护理学的产生和发展

自从人类社会产生以来，人类为了自己的生存和发展产生了各种各样的需要。美国心理学家马斯洛把人的需要归纳为五类，并且按照发生的顺序和重要性排成一个需要等级。第一层次为生理需要，包括空气、食物、水、排泄、睡眠等；第二层次为安全需要，包括人身、生命的健康和安全等；第三层次是感情与归属的需要，即能够爱别人和被别人所爱；第四层次是自尊的需要，包括受别人尊重及自身的知识、能力、地位得到别人的承认；第五层次是自我才能实现的需要。马斯洛认为，人的低层次需要满足后，才会向更高层次的需要发展。防病治病的需要属于人类第二层次的需要，当人类解决温饱问题之后，预防疾病、促进健康、维护人类生命、安全的需要就突出出来。也正是为了满足这种需要，人才有了医疗和护理的活动，并推动了医学、护理学的产生和发展。

护理一词，来自拉丁语，有抚育、帮助、保护、安慰、救济、保存精力、维持健康、避免损伤等含义。1980年，美国护理学会对护理的定义是："护理是诊断和处理人类对现存的和潜在的健康问题的反应。"一个人从生到死，不论是健康或患病时，都需要医生、护士等专业人员的关怀和照顾。因此广义地说，护理有着极其悠久的历史，它的起源可追溯到原始人类。巴甫洛夫说过："有了人类，就有医疗活动"。近代临床医学开端时期的学者德·巴·孟塔诺也曾指出："医学的根源只在病人的床边"。有医疗必然有护理，医疗与护理二者不可分。因此也可以说，自从有了人类，有了防病治病的需要，就有了护理的活动，医学、护理学知识的产生是人们防病治病实践经验的总结。据考古学证明，在中国、印度、埃及、希腊等古老国家，为满足人类治疗疾病的需要，在长期的医疗护理实践中总结出许多护理疾病的技术。例如，泡敷、包扎、固定骨位等等。原始时代的护理工作多半由妇女或母亲担任，这实际上是现代护理的萌芽。

古代医学医、护、药保持着不分的状态，护理工作由个体医生兼任，护理没有形成系统的理论和专业。但是，医疗实践中护理的客观存在以及它的重要作用，使得护理经验知识不断积累、提高。例如，中国传统医学认为，疾病的痊愈，调养比治疗更重要，强调"三分治，七分养"，这"七分养"实质上就是护理。中医有关护理学内容的主要部分是研究"七分养"的科学。从祖国医学发展史和医学典籍，以及历代名医传记中，经常可以见到有关护理理论知识和技术的记载。例如，《黄帝内经》中不仅详细记载了医学理论，也阐述了不少

护理的内容。在《内经·素问》里写到，"病热少愈，食肉则复，多食多遗，此其禁也"。即说明了热病的反复与调节饮食很有关系。同时，书中还记载了引起疾病的各种因素，其中包括精神生活失常、五味失调、醉酒等。这些病因学的理论，符合现代护理学的要求。

更值得一提的是，《内经》中积极提倡预防疾病。书中强调"圣人不治已病治未病"还要求做到防微杜渐，不要等到病入膏肓再治。所谓"上工救其萌芽"，即是早防早治之意。

为预防疾病，在古代人们就开始重视公共环境卫生的改善。据有关资料记载，我国汉代时已有街道撒水车；明代设置了下水道、浴室等公共卫生设备，加强了城市规划、住宅地段的选择，对饮水消毒、水源防护及食品卫生的管理都有明确的规定；南北朝、宋、清代还有关于清除垃圾的记载。

在明清之际瘟疫流行，出现了一批研究传染病的专家，如胡正心医生提到用蒸汽消毒处理传染病人衣物的方法以及当时流行的喷洒雄黄消毒空气和环境的方法。

在西方古希腊时期，著名的医学家希波克拉底在医疗实践中还注意到人的生活环境与健康的关系。他在《空气、水、地域》一书中，提出医生应熟知病人的生活环境和生活方式，认为"知道患病的人是个什么样的人，比知道他患什么病更重要"。

到了近代，随着人们防病治病实践活动的深入，医学、护理学经验知识的进一步积累和丰富，在医学发展的基础上，护理学逐渐从医学中分化出来，成为独立的学科，英国的杰出护士南丁格尔（1820～1910）是护理学科的创始人。从此，护理工作成为与医疗并列的、共同为人类健康服务的独立职业。

1854年英、法、俄三国爆发克里米亚战争，南丁格尔带领38名志愿者建立起护理队伍，她从病人的身体舒适和心理安慰等方面着手，为伤员创造了良好的医疗和生活条件，使伤员死亡率从50％下降到2.2％。

总之，从医学、护理学发展史和大量医学典籍的记载中可以看出，在满足历代人民群众的防病治病需要及人们长期与疾病做斗争的医疗实践推动下，医疗与护理在防病治病中协同发挥作用，使得护理理论得以广泛运用并不断充实、完善；使护理工作以其独特的知识和技能在为维护、增进人类健康方面发挥着越来越重要的作用，并日益受到人们的重视。

二、社会生产保护劳动力的需要推动医学、护理学的发展

社会生产的迅速发展需要健康的劳动力，而劳动者的健康又需要有医疗卫生保健的维持。社会生产的发展，保护劳动力的需求，向医学、护理学提出了问题和要求，而且还有力地促进和推动了医学与护理学的发展。社会生产对医学、护理学发展的推动作用具体表现在以下两个方面：

1. 社会生产发展，保护劳动力的需要，为卫生保健工作开辟新的领域，决定医学与护理学发展的方向。

在欧洲处于从封建制度向工业资本主义过渡时期，手工生产占主导地位。由于资本家的残酷剥削，工人劳动负担的加重，生产条件的恶劣，缺乏劳动保护措施，使得工人的健康水平普遍下降，各种职业病的患病率不断上升。在这种社会背景下，拉马兹尼于1700年写出了《论手工业者的疾病》一书。书中详细描述了纺织、印刷、采矿等职业引发的各种疾病，创立了职业病学，并相应产生了对上述职业病的专业护理技能。

现代工业生产的高速发展和科学技术的进步，使人类生产活动的领域不断扩展和深入，不仅向深海进军，而且向高空挺进；不仅在普通环境下工作，而且还工作在某些特殊危险的

环境之中。与此同时，因工业生产发展带来的环境污染也日益严重。适应现代生产发展，保护劳动力的需要，医疗卫生保健的范围也在不断拓宽。伴随空间技术的发展，创立了航空医学、宇宙医学；伴随着海洋的开发利用，又创立了航海医学、潜水医学；针对原子能工业热核反应基地的建立，工业生产带来的环境污染，在各种有害物质如化学气体、粉尘条件下的作业等，给人健康带来的严重危害，又相应出现了环境医学、公共卫生、职业病防治等方面的研究。现代护理学已将对环境的综合治理与卫生保健、防病治病结合起来，构成了护理工作的重要组成部分。

2. 社会生产发展为医学、护理学的发展提供经济支持和技术装备。

任何科学研究都需要一定的经济基础作后盾，医学、护理学研究所需的经费、仪器、设备只有通过发展生产，在不断提高社会经济实力的基础上才能得到解决。

在运动医学中，根据病情的特殊性所运用的各种精密康复仪器，是工业技术发展的结果。现代医学进行的"分子病理学"、"分子病毒学"、"分子免疫学"等方面的研究，只有在现代工业所提供的超速离心机、电子显微镜、X射线技术、生化分析技术、放射性同位素标记技术等物质设备基础上才能进行。在诊断技术中发展较快的超声医学及电子计算机辅助诊断仪；生理学中发展较快的电生理学；在临床护理中，医用电脑的应用，计算机装备的监护器的使用，不仅能在极短时间内将病人的体温、脉搏、血压等，准确、全面地记录下来，而且大大减轻了护理人员的劳动强度。而所有这些，只有在现代电子工业兴起之后才有可能。可见，医学、护理学的发展是随着社会生产的发展而发展的。生产的发展和人类防病治病的需要，是医学、护理学发展的动力。

三、医学模式转变的需要促进护理学的发展

医学模式即医学观，是人们观察、分析、处理人类健康和疾病问题的基本观点和方法。它反映了医学科学在特定历史时期的总特征。在人类长期的医疗实践中，医学模式经历了多次转变，受各种医学模式的影响和要求，护理工作及护理学发展呈现出不同的特点。

（一）神灵主义的医学模式

古代生产力水平低下，科学思想尚未确立，对健康和疾病的理解与认识是超自然的。人们认为，生命与健康是上帝神灵所赐，疾病和灾祸是天谴神罚。因此，对健康的保护和疾病防治主要依赖祈祷和巫术，以求神灵的宽恕和保佑。在古代神灵主义医学模式影响下，护理工作必然带有神灵的烙印。当时护理工作多出自于宗教的恩赐观点，组织妇女以慈善怜悯之心，对病人做一些最简单的生活护理。

（二）自然哲学的医学模式

随着生产力的发展和医学技术水平的提高，人类对健康、疾病的认识也逐渐发生改变，开始把健康、疾病和人类生活的自然环境联系起来进行观察、思考，产生了朴素辩证的整体医学观。如中国古代阴阳五行的病理观，古希腊希波克拉底提出的"四体液"学说等。与自然哲学的医学模式相适应，护理工作要求从病人的生活环境、生活方式入手。

（三）机械论的医学模式

随着欧洲文艺复兴运动的兴起，科学技术的进步，也带来实验科学的兴起。实验科学家培根提出"用实验方法研究自然"。另一方面，用力学运动规律解释自然的机械论自然观占据着统治地位。笛卡尔的"生物是机器"、拉美特利的"人是机器"的观点对医学影响很大，形成了机械论的医学模式。即把人体当作"是自己发动自己的机器，疾病是机器某部分故障

失灵，需修补完善"，人和动物的不同在于"多几个弹簧和齿轮"。适应这种医学模式，护理工作把保护健康、对病人实施治疗和护理，看成如同维护、维修机器一样。

（四）生物医学模式

17世纪以来，由于生物学的长足发展，出现了生物医学观指导的医学实践。人们立足于从结构、器官、细胞甚至分子水平上找寻致病的原因和防治方法，认为病原体是侵入人体的异物，确认病原体的消灭是疾病彻底治愈的重要条件。生物医学模式对现代医学的发展起过积极的作用，但由于它从纯生物学角度研究人和疾病，忽略人的心理、社会因素的影响，偏离了作为医学对象的人的完整性。为了适应生物医学模式的要求，护理工作着眼点是病人生物体局部的病灶，护理重点是执行医嘱，完成常规、机械操作性的工作，而缺乏对病人的心理、社会护理。

（五）生物-心理-社会医学模式

这种医学模式是1977年由美国罗彻斯特大学的恩格尔教授提出。它立足于人的生物与社会的双重属性，主张把人的生物、心理、社会因素当作一个整体。从诸因素的结合上认识疾病和健康问题；从自然和社会两方面揭示医学的本质属性；从个体和群体角度研究疾病的发生与各种社会因素的关系，研究疾病从自然到社会的综合防治方法。从而，突破了以往医学模式的局限。

这一新的医学模式的确立，指导人们更全面、客观地认识和解决现代社会的医疗保健问题，不仅对医学的发展带来了深远的影响，同时也为护理学提出了更多的研究课题，拓宽了护理的范围，更新了观念。它要求护理学把自己的服务对象看成是生物、心理、社会因素的综合体，把自己的工作扩大到对病人及健康人的全身心护理，包括疾病护理、卫生保健、预防疾病、改善影响人们健康的不良生活方式和环境等等。"整体护理"的观念已渗透到护理学的方方面面。

总之，伴随医学模式不断转变的影响和需要，护理实践及其理论也在不断发展和完善。

第二节 新技术革命对护理学发展的影响

一、技术革命的含义及当前新技术革命的特点

（一）技术革命的含义和内容

所谓技术革命，是指人类改造客观世界的技术上的飞跃。科学革命是人类对客观世界的认识上的飞跃。科学和技术是人们认识、改造世界同一过程的两个方面。随着现代科学技术的高速发展，科学和技术的联系越来越紧密，出现了科学技术一体化的趋势。

近代以来，历史上共发生了四次重大的技术革命，每一次革命都对社会的经济、政治和文化的发展，产生了广泛而深刻的影响。

开始于18世纪60年代，以蒸汽机的广泛应用为主要标志的第一次技术革命，使机器大工业代替了工场手工业，生产技术进入机械化、蒸汽动力时代，推动了生产力的空前发展，并最终确立了资本主义生产方式。

产生于19世纪末期以电力技术的广泛应用为主要特征的第二次技术革命，使整个世界由机械化进入电气化时代，推动了社会生产力的巨大发展，使资本主义由自由竞争走向垄断。

第三次技术革命发生在 20 世纪 40 年代，以原子能、电子计算机和空间技术为主要标志。电子计算机的发明和应用，给人类带来了生产、科学实验和信息的自动化及空间技术的发展，从根本上改变了人类认识、改造世界的方式。

自 20 世纪 70 年代以来，以信息、生物、材料等三大前沿技术为标志的第四次技术革命，使得科技革命又进入了一个新的发展阶段。

（二）当前新技术革命的特点

1. 这是一次科学和技术相统一的革命。它把科学认识和物质生产中的变革结合起来，技术科学化、科研技术化、科学发现能迅速解决技术问题，新技术又很快成为科学研究的工具。

2. 科学迅速地转变为社会直接生产力，由此产生了生产的科学化。出现了产业部门同大学的研究室和其它研究机构相结合的趋向。

3. 这是一次多学科、跨领域的革命，它在能源、材料、通讯、空间研究、海洋利用、生物工程等各个领域都将产生深刻的变革。

总之，这次新技术革命所带来的新技术的相互渗透、相互制约，不仅对社会生产、社会关系产生了巨大影响，而且还引起了人们生活方式、思维方式及思想观念等多方面的变化。

二、新技术革命对护理学发展的促进作用

（一）新技术革命促进了人们对人体生命本质认识的深入和护理思维方式的更新

现代科技革命的发展，使医学研究由细胞水平深入到分子水平，人体内部的有机联系和生命的深刻本质被进一步揭示出来，越来越证实人体是高度完善、复杂的统一整体，各个器官的功能，既有区别又有联系。如过去把人的大脑仅仅看或是神经中枢和思维器官，从 20 世纪 70 年代以来，发现大脑也具有内分泌功能，它能分泌多种内分泌物质；过去把心脏看成是循环器官，肾脏是泌尿器官，肺脏是呼吸器官，肝脏是消化器官。现在发现，心、肝、肺、肾也都是重要的内分泌器官，能分泌心钠素、内啡肽等多种激素，对于调节体液平衡起着重要的作用。上述科学事实使建立在组织、细胞水平按器官结构、功能特征划分系统的传统医学理论正在发生改变。

与此同时，由于系统论、控制论、信息论、耗散结构论、生态科学、环境科学、行为科学的兴起和发展以及与医学、护理学的结合和应用，进一步揭示了人作为生物、心理、社会因素综合体的复杂性质。现代护理学已开始把研究、服务的对象——人，作为一个与自然环境、社会环境相互作用的整体进行考察，从而使传统的生物医学模式和局部功能制护理的思维方式受到冲击，系统论、整体性的观点开始成为现代护理学的理论基础和方法论。

（二）新技术革命促进了临床护理的现代化

科技革命的成果及其在临床护理工作中的应用，极大地提高了护理工作的效率和质量，成为实现临床护理现代化的重要条件。

1. 电子计算机技术的发展，尤其是微处理机的大批生产，医用电脑在临床护理中的应用，提高了护理工作的质量。目前电脑已广泛地应用于临床管理和医疗服务中。计算机与传感器部件相联接，可在极短时间内将病人的体温、脉搏、呼吸、血压都准确地记录下来。由计算机装备起来的监护器对于抢救危重病人具有重要的作用。

2. 现代化的医用检测和治疗仪器设备，在提高医疗护理质量的同时，也节约了人力资源。先进的医用检测、治疗仪器在临床中的应用，最突出的使用价值是疾病诊断的敏感度高，既迅速又精确，从而有利于医护人员的及时诊断、治疗、保健和康复，以较快速度和较高质量完成诊疗任务，减轻了护士的劳动强度，节约了人力资源，提高了效力。

3. 医疗高新技术的应用，使得对危重患者的抢救成功率得到提高。先进医疗仪器的应用，可以使一些呼吸心跳停止的患者得到恢复，维持生命；可以让部分器官衰竭的患者通过器官移植恢复功能和健康；可以使某些危重患者通过高新技术设备的应用得以抢救，从而使人的生命价值得到尊重，生命质量得到优化。

4. 医疗高新技术的应用，促进了护士学习的主动性，提高了护理队伍的素质。由于高科技在临床、护理中的广泛应用，一方面使得护士的工作不再是简单的打针、发药、执行医嘱，其中还有一些新技术含量很高的内容；另一方面也促使护理人员为适应新的技术革命，新的工作条件的要求，积极努力地学习多学科的专业理论知识和先进技术，从而使得护理队伍的素质水平，社会地位得到提高。

三、新技术革命对护理学发展的消极影响

高新技术在临床、护理中的广泛应用，虽然带来诊疗、护理的现代化，但信息化、自动化、遥控化的诊疗手段，也给护理学和护理工作带来了一定的消极影响。

1. 医疗高新技术设备的使用，可在一定程度上淡化护患之间的关系，并给病人带来某些不良的心理效应。

由于自动化、遥控化的高新设备在临床护理中的广泛应用，使得护士可以在不直接接触病人的情况下完成检查、治疗、护理的任务。这带来的直接结果是护士与病人在护理过程中接触、交往、交谈的机会、时间可能会减少。病人在治疗过程中，置身于陌生的环境，面对各种高精医疗仪器、设备的监控，听到的是各种医疗仪器的特殊音响，这不仅不利于护士对病人的身心护理，促进护患之间的情感交流而淡化护患关系；而且可能使病人产生恐惧、焦虑的情绪，带来医源性的不良心理伤害。美国的一些学者指出，过多的机械治疗，对病人来说并不意味着更好的治疗。我们越来越发现，在治疗中心理因素的重要。对许多人来说，紧张造成的后果也许会抵消任何机械所提供的医疗优越条件。因此，国际上对临床中出现的医生（护士）——机械——病人的不良医（护）患关系，称之为"医疗公害"或"第四种社会公害"。

2. 医疗高新技术设备的应用，虽使有些病人的生命数量增加，但其生命质量的表现则相对较低，与现代社会文明的发展和追求不相适应。

高新技术在临床工作中的应用，凭借先进的医疗设备，在抢救病人、维持病人生命方面，的确起到了积极的作用。尽管如此，不能排除有些病人的生命虽然得到保留，但因其大脑已处于不可逆转的死亡状态而成为植物人，或者某些先天性严重缺陷的新生儿等，他们仅仅延续了生命，使生命的数量有所增加，但其生命质量却相对表现较低，更谈不上生活的质量。这与现代社会的文明发展，人们对生命和生活的高质量追求也是不相适应的。

3. 医疗高新技术设备的应用还可间接带来某些卫生人力、物力资源的浪费，加重社会和家庭的经济、精神负担。

由于许多高新医疗技术在抢救危重病人生命的过程中发挥了关键性的作用，使植物人的数量增加，使不少患有不可逆转疾病并处于极度痛苦中的病人的临终期大大延长，使先天严重缺陷的新生儿得以存活等等，这无疑给国家、单位、家庭在经济和精力上造成很大负担。同时，在我国目前护士缺编，护理任务十分繁重的情况下，还要花费相当的人力投入到对生

存价值不高病人的护理中,这无疑又加大了护理的工作量。如此结果,不仅可能造成护理人力资源的浪费,而且还会影响他们把精力放在真正值得、需要护理的病人身上,从而可能降低护理工作的质量。

4. 高新医疗技术设备的应用,可能使护士产生重仪器、轻思维,重躯体护理、轻心理护理的倾向。

高新技术在治疗、护理过程中的过多使用,虽然使护理工作的技术水平不断得到提高,需要护士不断学习、探索新技术,但是也容易使一些护士过分迷信、依赖医疗仪器的作用,轻视对病人病情信息资料的感官观察、收集和临床护理经验的积累,以及理论思维的作用;重视对病人躯体疾病的护理,轻视病人社会、心理方面护理的倾向,从而影响整体护理模式的贯彻、实施和护理整体质量、水平的提高。

第三节 护理学发展的社会化趋势

一、护理学发展的历史进程

自19世纪60年代护理学的伟大奠基人佛罗伦斯·南丁格尔创办护理事业以来,护理学的临床实践与理论研究已有一百多年的历史,经历了从以疾病护理为中心——以病人护理为中心——以整体人的健康护理为中心等三个阶段,其发展呈现出不断社会化的趋势。

(一) 以疾病护理为中心的阶段

17世纪以来,医学科学脱离了宗教神学的缠绊,在自然科学发展的基础之上,对于健康与疾病的关系有了新的认识。人们普遍认为身体有病就是不健康,健康就是没有病。疾病是细菌或外伤袭击人体后所致的损害和功能异常。基于这种认识,一切医疗行为都着眼于躯体局部的病灶,从而形成了以疾病为中心的医学观念。此观念一直延续到本世纪的五六十年代。

受上述观念的影响,医疗与护理分工明确,护理工作的任务,是协助医生诊断、治疗、清除病人身体上的"病灶",使其恢复正常的功能。相应的护理学还未形成自己独立的科学理论体系,仅仅是各科疾病的护理操作程序和规范,是一门有关协助医生诊治疾病、执行各种治疗方案的技术。护士处于医生助手的地位,被动执行医嘱是护理工作的主要内容,医护之间的关系模式是主从型。

以"疾病护理为中心"的阶段在护理学发展过程中是不可或缺的重要阶段。在这一阶段,由于医护的明确分工使得护理职业初步形成,并在长期的护理实践中,培养、锻炼了一支强有力的护理技术专业队伍。同时,还逐步积累、形成了一整套疾病护理的操作技术和规程,它们作为护理经验的结晶,构成现代护理学的基本内容之一。

但是,此阶段的护理工作忽视了疾病护理的整体性,只重视对局部疾病的处理,而不关注患病的人。这种只见局部不见全体的片面性思维、行为方式,不仅不利于病人的康复,而且也限制了护理学的实践和研究领域,束缚了护理专业的发展,必然要为新的发展阶段所取代。

(二) 以病人护理为中心的阶段

社会在发展,人类在进步,认识在深化。伴随着"系统论"、"控制论"、"信息论"的创立及传播,尤其是生态学家纽曼的"人和环境相互作用学说"的提出,人们开始重新认识人类健康与心理、社会环境的关系。世界卫生组织在此基础上，于1947年将人的健康定义为"健康不仅仅是没有疾病和衰弱，而是躯体上、精神上的完好状态和良好的社会适应"。1977年，美国医学家恩格尔根据一系列的研究成果，提出了新的"生物-心理-社会"医学模式，引发了医学科学的根本变革，也扩展了护理学的实践、研究领域，推动了护理学的进展。

1955年，美国护士莉迪亚·露尔率先用系统论观点解释、指导护理工作，首次提出了"护理程序"的概念。60年代后，在中专护理教育的基础上，许多国家先后建立了高等护理教育制度。尤其在美国等发达国家，要求正式护士必须接受高等教育。高等护理教育的产生和发展，为护理科学理论的研究开拓了道路，提高了护理的专业化水平。其中，美国护士Matha Rogers首次提出一种新思想即：人的健康状态和康复程度，除了生理因素的作用之外，还受到心理、社会、经济等方面的影响，因而要重视人的整体性。从此，护理由以疾病为中心转入以病人护理为中心的阶段。

在这一阶段的护理工作，要求护士应用护理程序，全面收集病人生理、心理、社会等方面的资料，制定相应的护理计划，对病人实施身心的整体护理。其护理理论与实践拓宽到人的心理、行为、社会、环境、经济、伦理、法律等方面，并逐渐形成了护理学独特的综合自然科学和社会科学知识的完整理论体系，标志着护理学已从医学领域中完全独立分化出来。

以病人为中心的护理思想在护理领域引起了很大变化。第一，改变了医护关系，使传统的医护"主从"关系转变为合作的"伙伴"关系；第二，护士工作任务和角色发生了变化。护士除了完成执行医嘱和各项护理技术的操作之外，还要全面、系统地了解病人的整体状况。护士角色，不再仅仅是照顾者，同时还是教育者，管理者，研究者等；第三，护理的研究方向和内容发生了变化。除了各项基础护理的操作技术之外，增加了有关"人"的研究，如病人生理、心理、社会三因素的关系及对健康的影响等；第四，改善了护患关系，增加了情感的交流。改变了患者被动接受治疗的状况，使病人的心理、社会需求得到较大的满足。第五，使护理教育的课程设置发生了很大变化。增加了护理专业和社会人文科学的课程，教学人员由医师转为护理专业人员任教，教学方法结合护理专业的特点；第六，改变了护理管理的观念，强调以人为本，重视病人的个性特征和个体需求。

以病人护理为中心的阶段，虽然是护理学发展中的质的飞跃，但仍存在着一些不足。即护理服务的对象局限于病人；护理工作的主要任务是照顾病人；护理工作场所主要在医院；护理学的研究内容主要局限在协助病人康复方面。

（三）以整体人的健康护理为中心的阶段

以整体人的健康护理为中心，是护理工作职能进一步的扩展和深化，它反映了人类健康需求的提高和增强，是护理学发展的一个崭新阶段和趋势。

随着社会经济的发展，人类健康需求的不断提高，人们正逐渐改变传统的患病才去寻求卫生服务的观念，而代之以"享有健康保健是每个人的权利"的新观念。与此同时，整个社会疾病谱、死因谱也发生了变化，这些发病率、死亡率高的心脑血管病、恶性肿瘤等均与自然环境的污染，社会环境的竞争、紧张、快节奏以及不良的生活方式、习惯密切相联。这表明以病人为中心的护理已不能满足整个社会人群对卫生保健的需求。

鉴于此，世界卫生组织于1981年提出"2000年人人享有卫生保健"的全球医疗卫生工作的总目标，它预示着临床医学时代向预防医学时代的过渡。这一目标的提出，对护理专业由"以病人为中心"转到"以整体人的健康为中心"起到了极其重大的推动作用。

在以整体人的健康护理为中心的阶段，护理实践及其理论将会发生很大的变化，护理工作在医疗保健方面会日益显示出其特有的作用。

第一，护理的对象不仅包括病人，还应包括健康人及有"健康问题"的人。

第二，护理的任务针对不同的人群有不同的特点。对尚未生病、健康状态良好的人是"促进健康"；对有患病潜在危险或健康问题的人是"预防疾病"；对已经患病的人是"协助康复"；对病情危重、生命不可逆转的人是"减轻痛苦"。从而使护理工作的任务由单纯对疾病、病人的护理，扩展到从健康到疾病全过程的护理；从个体护理扩展到对群体的护理。

第三，护理工作的场所，已经从医院扩展到社区和家庭，扩展到所有有人的地方。

第四，护理学已经成为现代科学体系中一门综合自然科学和社会科学知识的，独立的为人类健康服务的应用科学。

总之，从护理学发展的三个阶段可以看出，护理工作的社会化程度在不断提高，护理学正呈现出不断社会化的发展趋势。

二、护理学社会化的基本内容

护理学的目的是维护和增进人类健康。为达到这一目的，护理学必须广泛地向社会各个领域、各个层次渗透，将其纳入整个社会系统，使之与社会的发展协调一致。护理学的这种面向社会与社会发展协调一致的进程与趋向，就是护理学的社会化。

护理学社会化的基本内容，主要体现在护理服务、组织体系、卫生知识传播等三个方面。

（一）护理服务的社会化

为社会人群提供最广泛的优质服务，是实现护理学社会化的最主要的手段。在社会快速发展，科技高度发达，医学如此进步的条件下，不同的社会群体在医疗保健方面有哪些需要，护理专业能够在哪些方面提供服务，从而充分发挥护理学的功能，已经成为护理服务社会化的新课题。要实现护理服务的社会化，具体应从以下几个方面把握：

1. 护理服务的对象应从个体扩大到群体，由患者群体扩大到社会群体。必须改变过去只局限于为来医院就诊的患者群体服务，而要把医疗、护理服务的重点转到包括健康人在内的整个社会群体之中，尤其是对重点人群的医疗、预防和健康护理。目前在我国，急需关注和护理的社会群体有如下几类：

第一，老年群体。由于经济文化的发展，医学科学技术的进步，人民的健康水平显著提高，使得人均寿命大大延长，老年人口大量增加。据1999年的统计，我国60岁以上的老人，已占总人口的10%，并正以年均3%的速度增长。老年人生理机能逐步衰退，患病率高，病程较长，又需要人陪伴看病、住院。因此，适应人口老龄化的趋势，加强对老年病的研究，积极开展老年卫生保健，以及对老年人的生活护理等，成为护理服务社会化迫切需要解决的新课题。

第二，独生子女群体。为了国富民强、控制人口，我国实行计划生育政策，提倡一对夫妇只生一个孩子。目前社会的儿童，独生子女占多数。儿童处于生长发育时期，其健康状况，直接关系到成年后的体质。因此，儿童医疗保健应当也是护理服务的重点。独生子女的家长对儿童医疗保健需求更迫切，希望得到优生、优育的咨询指导。因此，加强妇幼保健工作，提高出生人口素质，降低婴幼儿死亡率，实现国务院2001年5月22日发布的《中国儿童发展纲要》（2001～2010）的目标，为儿童提供多方面的护理服务、健康指导，是护理服务社会化的又一重要内容。

第三，从事工业生产的群体。工业化是社会主义初级阶段生产力发展的主要任务之一。然而，工业化的同时也带来了公害、职业中毒、工伤等问题，这一群体迫切需要保护环境、职业保健、劳动卫生的健康指导和护理，需要护理人员与民政、劳动部门协调、合作，加强环境卫生监测和职业病防治工作，不允许以污染环境、危害健康为代价片面追求经济增长，从而为这个群体提供健康、预防的护理服务。

第四，交通事故的伤残病人。我国城市交通拥挤，交通管理落后，再加上我国的自行车又是世界上最多的国家。因此，交通事故很多，每年全国城市因车祸造成的死亡人数高达1万多。对于交通事故造成的伤残者除了及时抢救医治之外，有相当一部分病人需要较长期的康复过程，从而使对伤残病人的护理服务也日益突出。

2. 护理服务项目应改变过去单一的技术服务手段，为社会提供多种护理服务项目。在新的医学模式下，护理人员应明确自己的服务对象是具有自然属性和社会属性的人，各种生物、心理、社会因素对人的健康具有着极为重要的影响。而且，随着人民生活水平的提高，人民群众对改善卫生服务和提高生活质量将有更多更高的要求。因此，护理服务应从技术、基础护理操作扩大到心理、社会方面的护理。同时，为方便社会人群和提高医疗卫生经济效益，必须增加多种服务项目。例如，对科学生活方式、行为方式、饮食结构、精神卫生、疾病预防、护理病人、优生优育、计划生育、妇幼保健等方面的保健指导和咨询业务；建立个人、家庭、社区健康档案；关于健美、美容的服务；开展预防免疫、爱国卫生活动；对残疾病人、老年病人的康复、生活服务及自理能力、劳动技能的训练等等，以满足人民群众多样化的需求。

3. 扩大护理服务的工作范围，变闭锁式医院内的服务形式为开放式的院外服务形式。传统的闭锁式医院服务形式与社会接触面窄，信息传导阻滞，服务项目少，不适合医疗、护理社会化的要求，不能满足整个社会群体的健康需求。因此，医疗、护理服务应从院内扩大到院外，由医院延伸到工厂、农村、街道、学校、幼儿园、家庭等所有有人的地方，为整个社会人群的健康服务。

首先，护理人员应把服务范围扩大到农村。我国是个农业大国，农民占全国人口总数的80%以上。农村卫生工作关系到保护农民健康和振兴农村经济的大局。因此，护理服务的社会化必然要求护理人员走向农村，为广大农民的健康服务。护理人员应自觉地积极推进"九亿农民健康教育行动"，教育和引导广大农民群众破除迷信，摒弃陋习，普及医药科学知识，养成良好的卫生习惯和文明的生活方式，培养健康的心理素质；继续以改水、改厕为重点，带动环境卫生的整治，预防和减少疾病的发生；动员广大农民坚持开展除"四害"（蚊子、苍蝇、老鼠、蟑螂）活动，为促进文明村镇的建设创造条件。

其次，护理人员应把服务范围扩大到城市社区。适应社会主义市场经济的需要，以人民健康需求为导向，护理工作应延伸到社会的各个社区。社区护理服务的对象有个人、家庭和人群。服务内容包括：对社区内的学校、企事业单位、餐饮业、旅馆、娱乐场所等方面的环境卫生、食品卫生、职业卫生的监测；养老院和临终关怀院的巡回诊治、生活服务；社区妇幼保健、计划生育；自我护理、家庭护理；社区心理诊所的咨询等等。社区护士在社区卫生服务中担负着照顾者、教育者、咨询者、协调者、合作者、宣传者、示范者等综合角色。通过各种宣传、教育、引导、示范等方法，指导人们改变不良的生活方式，规范人们的行为，努力减少和消除致病的社会因素，增进人类的健康。

总之，护理服务的社会化表现在护理服务对象上，由患者群体扩大到整个社会群体，由只关注个体到重视群体；在护理服务项目上，由只提供技术服务扩大到为社会提供身心的整体护理和卫生保健的多项服务；在护理服务范围、形式上，从院内闭锁性服务扩大到院外、整个社会的开放性服务。护理服务的社会化，促进了医疗卫生事业的发展。

（二）护理服务组织体系的社会化

1. 建立社区卫生服务体系是护理服务体系社会化的重要措施

卫生组织是社会卫生保健工作最主要、最直接的承担者，对维护人类健康，促进社会发展具有重要的作用。我国卫生系统的组织程度较高，各级政府承担卫生保健责任，统一管理、统筹安排，使医疗卫生事业与各项事业协调发展。因此，我国的医疗保健资源虽然比较缺乏，但卫生服务的效果却十分显著，在防病治病、维护和增进人类健康方面发挥了重要的作用，使我国的人均寿命已接近高医疗保健资源的发达国家。但是，我国的卫生组织系统按不同隶属关系归口领导的管理体制也存在一些缺陷。即容易形成自我体系、自我配套、条块分割、信息闭塞、各自为政的局面，使有限的卫生资源不能得到充分利用。

为适应卫生服务社会化的趋势和人们日益增长的健康需求，1997年1月，中共中央、国务院作出了"改革城市卫生服务体系，积极发展社区卫生服务，逐步形成功能合理、方便群众的卫生服务网络"的重要决策。1999年7月，国务院10个部委局又联合印发了《关于发展城市社区卫生服务的若干意见》要求各级政府"积极构筑面向21世纪的适应社会主义初级阶段国情和社会主义市场经济体制的现代化城市卫生服务体系。"

2. 社区卫生服务体系的组织结构和特点

社区卫生服务体系的组织结构是：以街道办事处（乡镇政府）所辖区域为范围设置由基层医院转制而成的社区卫生服务中心，每个中心覆盖人口3万~5万；社区卫生服务中心按1.5万~2万人下设社区卫生服务站，卫生服务站接受卫生服务中心的统一管理；以社区卫生服务中心为主体，各大型医院、（综合的和专科医院）卫生、保健机构给予业务指导、人才培养和技术支持，并建立双向转诊的定点协作关系，形成以块为主、条块结合。

社区卫生服务体系的特点是：政府领导、社区参与、上级卫生机构为指导；以基层卫生机构为主体，全科医师为骨干，合理使用社区资源和适宜技术；以人的健康为中心、家庭为单位、社区为范围、需求为导向；以妇女、儿童、老年人、慢性病人、残疾人等为重点；以解决社区主要卫生问题，实现基本卫生保健服务为目的；融预防、医疗、保健、康复、健康教育、计划生育技术服务等为一体的，有效、经济、方便、综合、连续的卫生服务体系。

社区卫生服务体系的建立和完善，使防治保康等各项基本卫生服务，逐步得到有机融合，体现了护理服务体系的社会化。

3. 社区卫生服务体系建立的基本原则

第一，坚持为人民服务的宗旨，依据社区人群的需求，正确处理社会效益和经济效益的关系，把社会效益放在首位。

第二，坚持以政府领导，部门协同，社会参与，多方筹资，公有制为主导。

第三，坚持以预防为主，综合服务，健康促进。

第四，坚持以区域卫生规划为指导，引进竞争机制，合理配置和充分利用现有卫生资源，努力提高卫生服务的可及性，做到低成本、广覆盖、高效益，方便群众。

第五，坚持社区卫生服务与社区发展相结合，保证社区卫生服务的可持续发展。

第六，坚持实事求是，积极稳妥、循序渐进、因地制宜、分类指导，以点带面，逐步完善。

4. 社区卫生服务体系建立的社会意义

第一，它是建立与社会主义初级阶段市场经济体制相适应的城市卫生服务体系的重要基础。社区卫生服务可以将居民的多数基本健康问题在基层解决。这种方式有利于提高卫生服务效率、降低成本，适应我国社会主义初级阶段的具体国情。

第二，它是提供基本卫生服务，满足人民群众日益增长的卫生服务需求，提高人民健康水平的重要保障。社区卫生服务覆盖面广泛，方便群众，能使广大群众获得基本卫生服务，有利于将预防、保健落实到家庭、个人，有利于满足群众日益增长的多样化卫生服务需求。

第三，它适应了建立城镇职工基本医疗保险制度的迫切要求。社区卫生服务可以为参保职工就近诊治常见病、多发病、慢性病，帮助参保职工合理利用大医院服务，并通过健康教育，增进职工健康。

第四，它是加强社会主义精神文明建设，维护社会稳定的重要途径。社区卫生服务是德政民心工程，充分体现了全心全意为人民服务的宗旨。通过多种形式的服务，为群众排忧解难，使社区卫生人员与广大居民建立起新型的医患关系，有利于社会主义的精神文明建设，有利于促进国家的长治久安、国富民强。

（三）护理卫生保健知识传播的社会化

卫生保健知识的传播是医疗卫生事业的重要组成部分，只有使社会所有成员，都掌握一定的卫生知识，才能有效地提高整个社会的健康水平。这就需要提高卫生保健知识传播的社会化程度，充分利用社会的各种途径、各种形式，动员各种社会力量，作好卫生保健知识的普及。

1. 卫生保健知识的传播要注重传播者的威望和专业水平，并对传播内容事先作好充分的准备。对卫生知识的传播，传播者的威望和素质十分重要，这一因素往往与传播效果成正比。因此，应充分利用名人效应在卫生知识传播中的作用。同时，传播者在宣教之前，需要在一定范围内进行访问、调查，在了解情况的基础之上，拟定宣传内容，而不能打无准备之仗，并注意宣传内容的科学性、知识性、大众性、实用性和趣味性。

2. 卫生知识传播的内容要有针对性。即针对不同的群体、不同的需求，选择不同的、与之相应的内容。例如，对高危人群，应宣讲包括控烟、限酒、合理营养膳食、健身活动等行为危险因素干预的内容；对妇女，应宣讲青春期、月经期、妊娠期及更年期的保健知识；对婴幼儿的父母，应介绍合理喂养，宣传母乳喂养的好处及护理方法；对老年人，应宣传老年保健知识，包括老年常见病、多发病的防治；合理用药、康复医学；营养及饮食卫生知识等等。只有根据群体的不同需要，确定相应的、有针对性的内容，才会收到好的效果。

3. 卫生知识传播的形式应充分利用大众传播媒介。知识传播的方法多种多样，如口头、文字、形象、电视、广播、电影、戏剧、网络等等。但人类社会进入信息时代，医学知识的传播只有充分运用大众传播媒介，才能达到信息影响面广，受众多的效果。大众传播媒介主要有报纸、杂志、书籍、电视、广播、电影、网络等等，这些形式对于护理卫生保健知识的传播都有着极重要的作用。

电视在我国的发展速度很快，城市早已普及，农村也已基本普及，所以应是大众性较突出的传播媒介。特别是电视将音、像、色、动作一并俱合，使人们无需出门便可获得各种非常形象、具体的卫生知识信息。因此，运用电视传播卫生保健知识，可收到较好的效果。

广播对卫生保健知识的宣传效果也不错。与电视相比，广播的机动性是电视所不及的。价格低廉的无线电收音机和便携式半导体收音机、随身听，使广播成为我国最普及的大众传播媒介。通过广播传播医药卫生知识，可谓投资少，受益广。

计算机网络的利用也是今后卫生知识传播的一个重要途径。随着社区服务信息网络的建立，依据公用信息平台，可增强社区卫生服务组织与社区居民之间的联系，并可及时将各种保健知识传到各家各户。

报刊、杂志对具备一定文化程度的群体而言，其文字信息既具广度，又可具有一定深度。而且资料易于保存，可反复研读，是电子媒介所不及的。因此，护理工作者应充分利用各种报刊、杂志，传播通俗、易懂的卫生保健知识。

4. 卫生知识的传播还需要动员各种社会力量。人人享有卫生保健，全民族健康素质的不断提高，仅靠卫生人员的努力是不够的，它需要依靠社会的各个部门、各种社会力量。

首先，各级领导干部，不仅自己要学习卫生知识，遵守公共卫生规则，而且要做到国务院关于卫生政策与发展的决定（1997年1月15日）中所规定的"各级党委和政府要把卫生工作摆在重要的议事日程"，"对公共卫生和预防保健工作要全面负责，加强预防保健机构的建设，给予必要的投入"。其中，应包括对广大群众进行卫生知识的教育和宣传。

其次，卫生知识的传播还需要利用教育部门的力量，在各级各类学校，尤其是中小学，应开设卫生常识课，结合不同年龄段的生理、心理特征，向学生传授卫生知识，引导学生养成良好的卫生习惯，促进健康人格的发育。

最后，宣传部门也是传播卫生知识的重要社会力量。可以充分运用各种宣传手段，如组织大规模的预防保健知识的咨询活动；利用黑板报、街头宣传站等；广泛地向人们宣传各种医学卫生保健知识。

第三章　护理实践中的社会角色

社会角色是一般社会学的基本范畴，也是护理社会学研究的基本内容。研究护理实践中的社会角色，对于改善护理人际关系，提高护理工作的质量水平具有重要的意义。

第一节　什么是社会角色

一、社会角色的一般含义和特征

（一）社会角色的含义

"社会角色"的概念来源于戏剧、影视等表演艺术中的"角色"一词。其本意是指从事表演的人按剧情中人物和情节的规定进行表演活动。美国社会学家米德将此引入社会心理学中。他把社会看作是人生的舞台，每个人所处的一定社会位置及其进行的各种社会活动，就是人生舞台上各种角色的总和。从20世纪20年代开始，美国芝加哥学派便系统地运用了"社会角色"这个概念，并把它当作社会学的基本概念之一。

所谓社会角色，是指与人们的某种社会地位、身份、职务等相符合的一整套权利、义务和行为方式，也是人们对具有某种特定身份的人的行为期望。

在错综复杂的社会关系中，每个人都处于某种位置，居于某种地位，拥有某种身份，担任某种职务，即扮演着不同的社会角色。例如在医院里，有人以患者的身份出现，处于被诊治的地位，该人就是病人角色；也有人以诊断、治疗者的身份出现，处于诊治的地位，此人就是医生角色；还有人以护理者的身份出现，处于护理的地位，他就是护士角色。所以，社会角色可以表明人们在社会组织系统中的地位，以及在组织活动中的行为方式和社会作用。

（二）社会角色的基本特征

1. 社会角色是对人们的权利与义务所作的规范

任何一种社会角色都体现了人们的某种权利与义务。例如，护士作为一种特定的社会角色，他的权利是按照医嘱要求病人按时打针、吃药，并有权根据突发情况作出临时紧急处置等；他的义务是必须把维护病人的生命安全作为自己的天职等。而病人角色的权利是要求医院为自己作出准确的诊断和恰当的治疗，并享受优质的服务等；其义务是尊重医护人员，遵守医院的规章制度，安心接受治疗等。社会角色不同，权利与义务也就有所区别。如果某个社会角色没有履行应有的权利和义务，就会出现角色的偏离。比如，作为一名护士却给病人开治疗处方，这就超越了护士角色的权利，与其护士角色不相符合。因此，要成为名符其实的护士，就必须准确地体现护士角色的权利和义务。可见，社会角色是对人们的权利和义务所作的一种规范。

2. 社会角色体现了人的特定行为方式

长期的社会生活使社会角色形成了一整套各具特色的行为方式。因此，任何社会角色都与某种行为方式相联系。例如，医生角色的行为方式是对病人进行检查、诊断并开列治疗处方；护士角色的行为方式则是根据医嘱对病人实施治疗和护理。如果护士对病人态度冷淡，护理粗糙，应属对护士角色行为方式的违背。人们可以根据某种特定的行为方式，辨认、区分不同的社会角色；同时，也可按一定社会角色的规定，要求人们采取某种行为方式。

3. 社会角色是社会组织系统存在的基础

整个社会是个巨系统，它可区分为许多不同层次的组织系统。各层次组织系统又由许多不同的社会角色构成。例如，丈夫、妻子、儿子或女儿等角色组成的群体，形成了"家庭"的系统；主任医生、主治医生、护士长、护士、病人、卫生员、化验员等角色组成的群体，产生了"医院"的系统。不同社会角色的不同组合，成为各社会组织系统相互区别的重要标志和社会组织系统存在、发展的前提、基础。

二、社会角色的复杂多样性

1. 角色集

所谓角色集是指，个人在社会生活中扮演多种角色，将各种不同的社会角色集于一身。在现实社会中，由于人们从事的社会活动是多种多样的，因此每个人实际上扮演着多种社会角色，即是由许多不同角色集于一身的角色集。如某人既是护士，又是孩子的母亲、丈夫的妻子、母亲的女儿，同时还是党员、先进工作者等。又如，某人既是教授，又是大学校长、博士生导师，还是政协委员等等。这种角色集，反映了人的多方面性和复杂的社会关系。

2. 先赋角色与自致角色

个人角色集中的社会角色又分为先赋角色和自致角色。先赋角色是指，先天即人一出生就赋予的社会角色。如性别、民族、家庭出身等等。自致角色是指，后天获得和形成的社会角色。如职业、职务、荣誉称号等等。一般说来，自致角色是人们通过自身的选择、努力获得的，体现了个人的主观能动性。因此，在现实生活中我们更需重视自致角色。当然，个人对社会角色的选择和努力要受主、客观条件的限制。例如，一个严重色盲的人，无论他怎样努力，都不可能成为画家；一个很有潜力、抱负的科学家，在旧中国的条件下，无论怎样奋斗，也不可能实现自己的民富国强之志。但在主、客观条件都具备时，个人的主观努力，对某种自致角色的形成就具有决定的作用。在此需要指出，由于主观愿望和客观实际的矛盾，有些自致角色（如病人角色）并不是本人自愿选择的，而是客观发展、主观不得已的结果。

一个人在扮演社会角色时，不论是以先赋还是自致角色呈现，都表现为自觉和不自觉两种心理状态。一般说来，刚开始扮演某种社会角色时往往是比较自觉的，但时间一长，这种角色意识就会慢慢淡化，从而转入不自觉状态，即忽视自己正扮演的社会角色。这两种心理状态本身无所谓孰优孰劣，问题的关键在于要恰当处理。对处于自觉状态的社会角色，在对自身角色的权利、义务和行为方式，有较清醒把握的同时，应注意防止流露出某种刻意表现的成分；而当人们处于不自觉的心理状态时，虽然凭借习惯能很自然地完成某一社会角色的行为，但有时又会使人放松要求，甚至偏离角色的特有规定。因此，应将两者融合，形成互补，即在有意识中包含着某种无意识，在不自觉中又包含着某种自觉。

3. 角色冲突与角色错位

在社会生活中，每个人在扮演一定社会角色时，常常会遇到角色冲突和角色错位的情况，这是社会角色复杂性的又一种表现。

所谓角色冲突是指，人们在社会活动与交往中角色与角色之间出现的矛盾。客观世界充满着矛盾，人们在社会活动、社会交往的过程中角色与角色之间不可避免地会产生各种各样的矛盾。根据矛盾发生的范围，可将角色冲突区分为两种类型：一类是由某人所扮演的角色与其他角色之间出现矛盾而形成的角色冲突。例如,教师和学生、护士和病人之间的矛盾产生的角色冲突;另一类是由某人作为一个角色集,在自身扮演的这一角色与另一角色之间出现矛盾而形成的角色冲突。例如,某人既是警察,又是妻子的丈夫,有时为了工作,长时间不能回家,未能尽到做丈夫的责任,这就在警察角色与丈夫角色之间出现了矛盾并因此而形成角色冲突。

所谓角色错位是指,某人在扮演某种社会角色时,没有按该角色应有的权利、义务和行为方式进行活动,即应有的行为没有表现,不该有的行为却显露出来。例如,某人作为一名国家干部,本应全心全意地为人民服务,但他却以官老爷自居,没有摆正自己的角色位置,从而形成了角色错位。形成角色错位的主要原因,一是因为对自己所扮演的角色缺乏认识;二是因为无意识角色行为时间过长,角色意识淡化;三是因为角色的蜕变。

角色冲突和角色错位都会影响人们实施正常的角色活动,所以,必须妥善加以处理。

不同的社会领域有不同的角色,护理实践中的社会角色主要是病人和护士,本章将着重分析这两种社会角色。

第二节 病人角色

一、什么是病人角色

1. 病人角色的含义

谈到病人,人们习惯地将此归结为患有疾病的人。其实这种理解是不确切的。因为,在现实社会人群中有不少人患有各种疾病,但他们没有求医,仍像健康人一样承担着应有的社会责任,社会也没有把他们当作病人;相反,有些人虽然未患病,但出于某种生理、心理和社会的需要前去求医,却仍被列入病人的行列。因此,社会学中的病人概念专指在医疗环境(包括医院、社区、家庭)中的病人,即寻求医疗或正处于医疗中的人,通常也可称为患者。

2. 病人角色的范围

根据上述定义,病人的范围应包括两大类:第一类是指在生理、精神上确实患有某种疾病,去医院或社区卫生服务中心(站)寻求诊治或正在接受治疗的人;第二类是指生理、精神上没有疾病,但出于某种生理、心理、社会的需求到医院或卫生服务中心(站)寻求诊断或帮助的人。如到医院进行产前检查或分娩的孕妇;以美容为目的来医院做手术的人;为寻求工作到医院做体检的人等等。

病人角色是一种涉及面极广泛的社会角色。在现实生活中,无论男女、老幼;也无论肤色、国籍和职位;任何人都可能成为病人,只不过在时间上有长有短;次数有多有少;病情有重有轻而已。

病人角色是后天形成的,属于自致角色。但它与有些自致角色有所不同,即这种角色不是人们想要努力争取和设法保持的。一般情况下,人们都不希望自己成为病人,并总是通过各种健身强体的保健方法,力图延缓自己成为病人角色的时间。一旦成为病人,则又会想方设法缩短这一过程。

由于任何人都作为角色集而存在,所以病人角色也不是人们单一的社会角色。如某人作为病人的同时,还是一位孝顺父母的儿子或女儿;一位疼爱子女的父亲或母亲;一位党政机关的工作人员或企事业的领导干部;一位中共党员或民主党派人士;一位工作勤奋或工作懒散的人等等。只是在医院环境中，病人角色是其角色集里占主导地位的角色。认识到这一点，对妥善处理护理实践中的许多矛盾，提高护理工作的质量极为重要。

二、病人角色的权利与义务

人们一旦成为病人，便立即享有了病人角色应有的权利和应尽的义务。

（一）病人角色的权利

1. 病人来医院寻求医疗时，有权受到友善、耐心的接待。
2. 病人有权要求医护人员给予认真、准确的诊断，恰当、细致的治疗和身心的精心护理以及必要的休息和合理的膳食。
3. 病人有权选择某位医生、护士为自己实施检查、诊断、治疗和护理，并对自身病情以及施加的诊断、治疗、护理措施享有知情同意的权利。
4. 病人有权在生病期间暂时停止履行正常的社会职责。
5. 病人有权希望医院能帮助自己在最短的时间里从病人角色转变为非病人角色。
6. 病人有权享受隐私保密的权利。
7. 病人有权监督医院的工作，对医疗、护理及医院管理中的问题有权提出批评、质询。

（二）病人角色的义务

1. 病人应尽早完成从非病人到病人的角色转变，安心医疗，争取早日恢复健康，重新履行自己的正常职责。
2. 病人应如实地向医护人员陈述自己的病情，不得有所隐瞒。
3. 病人应积极配合医护人员对自己的诊断和治疗，听从医护人员的忠告。
4. 病人应自觉遵守医院的规章制度，不得提出超越范围的要求。
5. 病人之间应相互鼓励，友好相处，不得损人利己。
6. 病人应负担合理的医疗卫生费用，这在当前市场经济条件下，是维持医院卫生服务工作正常运转的必要条件。

护理实践中的许多矛盾，常常是因为护士或病人不能正确地理解、尊重对方的权利，履行自己的义务引起。例如，有的病人超越自己应有的权利，要求医护人员开假病假条或索要不符合病情的药品等。充分了解和妥善处理病人角色应有的权利和义务，是做好护理工作的基础。

三、病人角色的一般心理特征

和健康人相比，病人不仅在生理上出现异常，而且在心理状态上也会发生较大的变化。在护理实践中，要对病人实施身心的整体护理，就需要加深对病人角色心理特征的了解。

（一）病人认识过程方面的心理特征

1. 有些人虽已患病，但内心否认，迟迟不能进入病人角色，以至常常采取不是病人所应采取的行为。在这种心理的支配下，治疗的良好时机可能失去，轻微的疾病可能逐渐加重。这在年轻人或身体较强壮的人中比较容易出现。
2. 有些人既想知道自己是否生病，又害怕成为病人，想回避、否认病情的现实。在这种心理支配下，病人往往会讳疾忌医，甚至隐瞒病情。这在中年人或家务负担较重的人中比较容易出现。
3. 有些病人一旦知道自己有病后，会立即把注意力由外部世界转向自身的体验和感觉，过多地关心自己的身体机能状态，对躯体各种症状的感觉明显增强。在这种心理支配下，病人会出现与得知生病前的明显不同的异常感觉。甚至对时间的感觉也发生变化，觉得"天长夜更长"，常出现睡眠障碍。这是一种在许多病人中较为普遍的情况。

（二）病人情绪和情感方面的心理特征

1. 有些病人常常情绪不稳定，有时感到委屈，有时出现激动，有时则又冷漠。在这种心理支配下，病人或者常哭泣，或者常发脾气，或者常与人吵架。

2. 有些病人会出现焦虑、紧张，甚至恐惧。在这种心理支配下，病人往往对困难的情境估计过分，对躯体的微小不适过分关注，对发生的挫折过分自责，对周围环境中的变化容易过敏和猜疑。

3. 有些病人会出现抑郁和悲观。在这种心理支配下，病人或者终日萎靡不振，或者会情绪错乱，或者会悲观厌世甚至自杀。

（三）病人意志方面的心理特征

病人角色的自觉控制与调节自身行为的能力往往会减弱。在这种心理支配下，有些平时能忍受的疼痛，此时则会感到忍受不了；有些能从事的活动，此时觉得无力从事；有些平时能控制的行为，此时也会控制不住地表现出来。

（四）病人个性方面的心理特征

人生病前的个性特征，可影响其成为病人角色的行为与反应。由于每个人都有不同的个性表现，从而导致了病人角色个性特征的不同，并形成了对待疾病的不同态度。具体可归纳为五种类型：即虚弱抑郁型、精神衰弱型、疑病型、歇斯底里型、漠不关心型等。例如，精神衰弱型的病人常不思饮食、经常失眠，觉得大量不愉快的事情正不断向自己袭来，并认为自己的处境越来越坏，似乎某种严重的后果就要发生。区分病人的不同态度，掌握病人的不同个性特征，是护理工作有效进行的重要条件。

四、病人角色的遵医行为与护患合作

（一）遵医行为及违背医嘱的原因

1. 遵医行为的含义

所谓遵医行为即病人遵照医嘱的行为。具体是指病人按照医护人员开列的处方和要求接受治疗、护理的行为和表现。病人是否遵循医嘱，及遵循程度如何，对疾病的治疗、护理效果有很大的影响。因此，在临床护理工作中应对病人角色的遵医行为予以重视。

2. 病人不遵医嘱的原因

在临床护理中，病人不遵医嘱的现象经常出现，究其原因复杂多样，概括起来主要有以下几种情况：

第一，病人对医护理人员的服务质量、态度不满意，缺乏信任感。如果医护人员在医疗护理工作中态度生硬、操作重，又不负责任，并时时出现差错，就会使病人丧失信任，从而出现不遵医嘱的现象。

第二，病人对医嘱及护理要求的内容不理解或记忆力差。有些病人由于文化水平较低或年龄较大，对医护人员交待的医嘱常常不能理解或未听清、记不住等，造成了违背医嘱的情况。

第三，治疗方式具有特殊性或复杂性，尤其是在治疗中涉及要求改变病人嗜好、生活习惯的问题，都会影响病人的遵医率。一般说来，要求病人改变的项目越多，遵医率就越低。

第四，病人的主观愿望与医护人员治疗护理措施之间存在的差异和矛盾。有些病人违背"病去如抽丝"的客观规律，对疾病的治愈急于求成。一旦某种治疗护理措施没有立即见效，就因此而怀疑其疗效，出现不遵医嘱的行为。

（二）提高遵医率的方法

分析、了解病人不遵医嘱行为的原因，目的在于有针对性地加以解决，以提高遵医率。提高遵医率的关键是有效地调动病人的主观能动性，实现护患合作的最佳状态。其具体方法如下：

1. 努力提高护理服务的质量，改进服务态度，改善护患关系，增强病人对护理人员的信任感。这不仅是提高遵医率的根本方法，也是护理道德的基本要求。

2. 提高病人对医嘱的理解力和记忆力。其具体措施包括：第一，交代医嘱时应加重语气，以提醒病人的注意。根据有关调查结果表明，此方法可提高遵医率6%～38%。第二，语言应通俗、精练，尽量避免使用医学专业术语或含糊、烦琐的语言。此方法可提高遵医率5%～30%。第三，文字表达医嘱时应字迹清晰，以便于病人辨认。第四，交代医嘱后应要求病人尤其是老年人复述，以此掌握他们对医嘱的理解和记忆情况，发现有误及时纠正。第五，在病人复诊时还应对其复诊前的情况进行了解，以便于对原有治疗护理方案的正确调整。

3. 治疗护理过程中对需病人改变嗜好、生活习惯的情况，应注意抓重点，切忌面面俱到。人的生活习惯一旦养成很难改变，特别是为治疗疾病的需要，涉及改变病人的多种习惯、嗜好时，更是不可能的。因此，应抓住对疾病影响最大的因素，并向病人说明其危害，以引起病人的高度重视。如一位患有大叶性肺炎并伴有吸烟、饮酒嗜好的病人，出于治病的需要应将烟酒戒掉，但这对病人来说是很困难的。在这种情况下，护士应将劝阻病人吸烟作为重点。

第三节　护士角色

一、什么是护士角色

1. 护士角色的含义

所谓护士角色是指承担对病人的治疗、护理和卫生宣教，并为人们的健康提供预防保健等护理服务的社会角色。

在医疗卫生系统中，护士是人数最多、接触病人频率最高、为病人服务时间最长的群体。随着社会的发展，物质生活水平的提高，人们对健康的要求日益提高，使护士角色的内涵和外延不断扩展。首先，作为护士角色基本职责的护理，既体现为直接或间接地为病人实施治疗和身心的整体护理服务，也体现为对疾病、健康的预防、保健，优生优育、计划生育，卫生知识的普及以及满足整个社会人群对健康的需要；其次，作为护士角色的服务对象，应指所有的人，包括病人和健康的人。再次，护士角色工作的场所应是所有有人的地方包括医院、社区、家庭等。本节侧重分析医院中以病人为服务对象的护士角色。

根据护士角色的职能分工或分科，又可细分为内科护士、外科护士、妇科护士、儿科护士、公共卫生护士、科研护士等等不同的类别。

专职护士角色的起源要比医生晚的多，但作为护理角色活动则伴随医疗活动的产生而产生。在古代，护理工作主要由家庭妇女、奴隶承担或由医生兼任。从 1860 年，英国的杰出妇女佛罗伦斯．南丁格尔（1820～1910）在英国创立了第一所护士学校开始，标志着专职护士角色的真正起源。

2. 护士角色的功能

从现代医学的观点看，护士角色的主要功能是提供身心的护理，但同时还具有卫生宣教、病房管理、科学研究等功能。以往，护士承担的一些清洁卫生、被服管理等工作，现已交给非专业人员承担。这使护士角色的功能更加专业化。护士角色的护理功能，主要通过实施护理程序实现的。护理程序可包括五个基本步骤：通过收集信息资料以确认病人的现存的和潜在的健康问题；分析问题，提出护理诊断；制定护理计划；实施护理计划；进行护理工作的评估。护士角色所实施的护理程序，始终是围绕着促进、维护、恢复健康，预防疾病这一基本要求展开的。

尽管护士与医生在角色功能上有一定的重叠，特别是在缺医的情况下，有些护士甚至代替医生的部分工作，但二者仍有明显的区别。护士实施的是护理程序，医生实施的是治疗程序；护士提出的是护理诊断，主要针对病人的疾病反应；医生提出的是医疗诊断，主要针对疾病本身；护士关注的是如何促进、维护、恢复健康，医生则关注如何治疗疾病。了解这种角色区别，有利于明确护士角色的定位和职责。

护士角色和病人角色一样，也是自致角色，是通过后天的学习和努力形成的，但两者又有所不同。如前所述，病人角色是人们极不愿扮演的社会角色。而护士角色则不然，它是许多人自愿选择并不断追求完善的角色。

护士角色同病人角色一样，也是一个由多种社会角色组合的角色集，只是在医院里护士角色应是占主导地位的社会角色而已。

二、护士角色的权利与义务

在社会生活领域，人的权利与义务是对应的，不同的社会角色享有不同的权利，也必须履行相应的义务。

（一）护士角色的权利

1. 有权要求病人提供真实的病情，并对病人进行治疗护理所需要的检查。
2. 有权遵循医嘱和护理程序独立地对病人实施治疗和护理，病人应该予以积极的配合。
3. 有权要求病人遵守医院的各项规章制度，并婉言谢绝病人的不合理要求。
4. 有权在突发的紧急情况下，主动地对病人作出妥善的临时处置。
5. 有权受到人们对自己职业和人格的尊重，保持独立的社会地位。
6. 有权获得与自己的工作相称的经济权益和社会权益。
7. 有权接受继续教育，开展科学研究，不断丰富自己的科学知识，提高自己的技术水平。

（二）护士角色的义务

1. 必须把提供人的健康所需要的护理服务，宣传保护人体健康的科学知识和方法，促进人在生理、心理和社会协调等方面的全面健康，以及推动人类社会的可持续发展，作为自己工作的最高目标。
2. 必须把维护病人的生命安全作为自己的天职，严格执行并不断完善有利于病人生命安全的护理程序和制度，忠于职守，尽心尽责，不可有丝毫的马虎，努力创造出有利于病人安全、舒适的护理环境。

3. 必须尊重病人的各种社会权利，耐心、友好、恰当地解答病人及其家属、亲友有关病情的咨询，对施加在病人身上的各种检查、治疗、护理措施必须进行解释说明并取得病人的同意。

4. 对病人的隐私及某些可能造成病人心理负担的病情，必须履行保密的义务。一方面，对病人的隐私包括某些疾病、生理缺陷、身体的隐秘部位、以及个人、家庭的某些特殊社会经历、遭遇等等，应为其保守秘密，守口如瓶。另一方面，对病人的某些严重病情在其本人缺乏心理承受力时，也应予以保密，仅对病人家属和亲友说明。

护士角色的权利和义务是相辅相成的。一方面，护士如能较好地履行自己的义务，也就为恰当地享有自己的权利创造了条件。因为，只有全心全意地为人的健康服务的护士，才可能得到病人的积极配合并受到人们的尊敬；另一方面，护士如能充分地享有自己的权利，也会促使其更好地履行自己的义务。例如，一个受到病人及其家属、亲友的尊重和配合，在工作中受到支持、肯定、奖励的护士，就会以更高的积极性和热情去开展护理工作。所以，促使护士较好地履行自己的义务，并保证他应有的社会权利，对培养和形成合格的护士角色具有重要的作用。

三、护士角色的基本素质

合格的护士角色应具备三方面的基本素质。

（一）科学素质

护士角色所承担的护理工作是一项技术性、知识性很强的工作。这要求护士必须具有较高的科学素质。

1. 为适应新的医学、护理模式的转变，护士必须掌握较为充实全面的知识。这不仅包括医学护理学方面的知识，而且还包括心理学、社会学、公共关系学、伦理学、教育学、管理学、美学等多方面的知识；不仅需要掌握传统的知识，而且需要掌握科学前沿的最新知识。否则，就不能适应当前复杂的工作任务和工作环境，以及时代发展的需要。

2. 护士必须掌握较为娴熟的技术及与病人交往的方法和技巧。提供恰当的护理，减轻病人的痛苦，增强病人战胜疾病的信心，促进病人尽快地恢复健康，这是护士的神圣职责。而要履行这一职责，离不开熟练的技术。试想一位危重病人需要输液，护士能否迅速、准确地扎准血管，及时将药液输入病人体内，对实施抢救工作至关重要。同时，护理工作需要密切接触病人，对病人进行正确的心理疏导和心理治疗，满足他们的各种心理、社会需求，为此掌握一定的服务艺术和交往技巧也是必不可少的。

3. 护士必须具备务实求真的科学态度。就是说，在护理实践中，护士应坚持从病人的病情及护理工作的客观实际出发，实事求是，努力使自己的主观认识符合客观情况。必须坚持以科学手段检测的事实和数据为依据，决不允许想当然或人云亦云；必须确保护理过程中的严密性和准确性，坚决避免"大概是"、"差不多"等极为模糊的做法。

（二）道德素质

护士被人们普遍誉为"白衣天使"，这表明了人们对护士的尊敬和期望。因此，对于护士来说，具有良好的道德素质就显得更加重要。这种道德素质可以概括为：爱、亲、勤、正、诚、精、雅、严八个字。

1. "爱"，是指热爱护理事业，热爱生命，热爱人民，把爱心贯穿于整个护理过程。

2. "亲"，是指充分理解、尊重、同情病人，待病人如亲人，不是亲人胜似亲人，做病人的知心人。

3. "勤"，是指在工作中要眼勤、手勤、口勤、腿勤，勤巡视病房，勤观察病情变化，勤与医生联系，使病人始终保持稳定、安全、最佳的心理状态。

4. "正"，就是指奉公守法、廉洁正直、严于律己、不徇私情，一切满足病人的护理需要。

5. "诚"，是指谦虚诚实、慎独律己、有成绩不骄傲、出差错不隐瞒、有责任不推诿。不文过饰非、不弄虚作假、不骗取荣誉、不不懂装懂、不人前一套、人后一套。

6. "精"，是指钻研精通业务、努力学习、不断丰富自己的科学知识，掌握精湛的护理技术，虚心好学，精益求精。

7. "雅"，是指护士作为美的化身，应集健美、柔美、娇美、俏美于一身，应以不急不燥、温文尔雅、言语平和、亲切友善、仪表端庄、风度优雅的美好精神面貌出现于病人面前。

8. "严"，是指要时刻想到病人的利益，在工作中严谨、准确、及时、一丝不苟。不擅离职守，不马虎从事，不敷衍塞责，不自以为是，不放过任何一点可疑的症状和细微的病情变化，不放过任何一个有利的护理时机。

（三）心理素质

护士服务对象、工作环境的特殊性，决定了护士必须具有良好的心理素质。

1. 必须具有遇事沉着冷静的心态。不管遇到多么危急的情况，都能临危不惧、充满自信、镇定自若，有条不紊地加以妥善处理。

2. 必须具有抗挫折的心态。在护理工作中，始终一帆风顺的情况是极少的。面临困难、遭遇曲折、甚至出现失败的情况，时有发生。面对这种情况，应不灰心、不慌神、不畏困难、不怕曲折、总结经验、以利再战。

3. 必须具有随机应变的心态。在护理实践中，有些事情是事先已考虑到并作了安排的，但有些事情是事前难以估计到的。作为护士，遇到突发事件时，应具有较强的应变能力，及时提出应对方案，作出紧急处置。

4. 必须具有不断创新的心态。在护理实践中，护士必须执行一系列严格的护理规范和护理程序，这是确保护理工作的科学性和病人安全所要求的。但是，由于护士面对的服务对象千差万别，新情况不断涌现，要解决的问题纷繁复杂，因此原有的规范和程序会有一定的局限性。这就要求护士能够突破心理的思维定势，不断创新。

四、影响护士角色作用发挥的因素

护士角色应具备的素质也是社会对护士角色的期望。在护理实践中受各种因素的干扰，常常影响护士角色作用的发挥。分析了解这些影响因素，对自觉培养、完善护士角色，最大限度地调动他们的积极性具有重要的意义。影响护士角色的因素主要有以下几个方面。

1. 旧的医学模式和社会偏见的影响

旧的生物医学模式把医疗与护理看成是主从的关系，护理从属于医疗。护理人员的主要任务是被动地执行医嘱，协助医生消除病人身体中的病灶，护理手段主要是一些操作技术。因此，长期以来护理教育结构主要是中专水平，层次较低，高级的护理人才匮乏。这也造成了社会对护士职业的偏见，认为护士工作简单，不过是打针、发药、换床单而已，一学就会，所谓"医生的嘴，护士的腿"。甚至有人将护士看成是伺候人的"高级保姆"、"次等角色"等。病人不敢得罪医生，却不怕得罪护士；病愈时也只感谢医生，对护士的付出则不以为然。在这种社会偏见的影响下，不少护士不安心工作，要求调离护理岗位的现象时有发生，极大地影响了护理队伍的稳定，造成了护理人才的流失。为此，应加大宣传力度，提高人们对护理工作重要性的认识。同时，改变护理教育结构，提高护理教育的层次和护士的整体素质也势在必行。

2. 工作任务繁重的影响

护理工作是整个医疗卫生工作的重要环节。护士既是观察病情的哨兵，每天24小时密切注视着病人病情的变化；又是病人的白衣天使，用他们精湛的医疗护理技术最大限度地减轻病人的病痛；也是病人的亲人，时刻满足着病人及其家属的生理、心理和社会的需求；还是卫生保健知识的宣传员，利用一切机会向人们进行健康知识的宣教、普及。而我国目前护理人员的编制还不足。如此大的工作强度和繁重的任务要在缺编的情况下去完成，这不能不影响护士角色作用的发挥。要解决这一问题，一方面需要增加对护理人员的培养、教育；另一方面，适应护理模式的转变，对护士的工作任务应重新进行界定，将非技术性的工作转移给护工操作，以减轻护士的劳动强度，保证他们集中精力地实施对病人的整体护理。

3. 生物节律的影响

人体内的各种生命活动都有一定的周期性规律，即生物节律或生物钟。在机体周期性的变化中，对人的自我感觉影响最大的因素有三个；即体力、情绪和智力。人的体力盛衰以23天为一个周期；情绪的波动以28天为一个周期；智力的变化以33天为一个周期。各周期的前半段为高潮期，表现为精力旺盛，心情愉快，思维敏捷；后半段为低潮期，人会出现精神萎靡，反应迟钝，情绪烦燥，判断力低下等；从而影响护士角色作用的发挥。了解掌握自身生物节律的变化规律并自觉地加以调节，可减弱"低潮期"对人机体的影响。

4. 社会角色冲突的影响

护士多为女性既有自己的职业，又是家庭的主妇，担任着妻子、女儿、母亲等多种社会角色。这决定了她们要比男人做更多的工作，体力、精力也付出的更多。因此，难免在护理工作中出现因家庭生活中的问题而走神、分心的情况，从而造成角色的冲突产生差错甚至事故。为此，护士应摆正并处理好护理实践中护士角色与其他角色的主次关系，避免出现角色错位。同时，作为护理管理人员应理解、关心护士，在力所能及的情况下，尽可能地帮助她们解决生活中的困难和问题。

第四节　社会角色理论在护理实践中的运用

研究社会角色，特别是病人和护士角色，目的在于将这种理论运用于护理实践，以便更好地完善自己的社会角色，下面仅就角色冲突和角色不清两个问题，谈谈在护理实践中的运用。

一、护理实践中的角色冲突

角色冲突，是角色与角色之间出现矛盾的结果。护理过程中的角色冲突多种多样，但对护理工作影响最大的则是病人角色与护士角色之间的冲突。能否妥善解决这类角色冲突，是保证护理工作质量的关键。护士与病人之间角色冲突的原因来自护患双方。因此，研究二者之间角色冲突的解决方法,应从这两方面入手。

1. 由护士角色方面的原因引发的角色冲突及其解决方法

在护理实践中,护士是认识和行为的主体,也是矛盾的主要方面。护士与病人角色之间的角色冲突,有许多是由护士角色方面的原因引起的。因此,解决这种角色冲突应首先从护士角色入手。来自护士方面的问题主要有以下几种情况:

首先,护士因家庭问题引发的角色冲突。任何护士,都是集许多不同角色于一身的角色集。当家庭中的各种社会角色与护士角色发生矛盾时,可能会引起护士角色的思想波动、精力分散、情绪低沉、态度冷淡等。如将这种情绪和态度带到工作中,很可能会出现对病人不耐烦、动作粗、言语重等现象,从而造成病人的反感,形成角色冲突。例如春节放长假,某护士原定与家人外出旅游,但因情况变化,临时决定安排她值班。如果这位护士不能正确对待,带着情绪上班,就难免与病人发生矛盾和冲突。

其次,护士因待遇、荣誉等问题产生心理不平衡而引发的角色冲突。在实际工作中,任何护士都会遇到待遇、荣誉等方面的问题。例如,某人在工作岗位上一直勤奋努力、尽心尽责,在年终考核中,他希望自己能被评选为先进个人。但事与愿违,由于名额有限,他被落选。如果他不服气,甚至认为是别人有意与自己过不去,就可能因此而情绪低落,工作消极,容易与病人发生矛盾、冲突。

再次,护士因工作安排方面的问题引发的角色冲突。每个护士都有自己的理想、愿望和要求,但护士角色作为医疗卫生系统中的要素,必须按照任务的需要去从事各种不同的工作。为此,在主观愿望和客观需要之间常常出现矛盾。例如,有人想在病房工作,但却被分配到门诊部;有人不想在产科工作,却偏偏被分配到产科病房。个别护士将此看作是医院领导的有意刁难并因此影响了对病人的正常护理,从而引发与病人角色的冲突。

解决由护士角色方面的原因引发的护士与病人之间的角色冲突,可采取如下措施加以解决:

第一,不断提高护士角色对护理工作目的、重要性和自身价值的认识。这种认识的程度、层次越高,工作中的自觉性和抵御外界影响的能力就越强。护理是一项维护和增进人类健康、不断提高人的健康水平的重要工作。护士的价值主要不是体现在个人待遇、荣誉等方面,而是在于它的社会价值即为社会人群健康所作的努力和贡献。因此,作为护士不应把待遇、荣誉放在首位,而应把病人的信任,以及使病人尽快恢复、增进健康作为自己的工作目的、最高奖赏和护士角色价值的最大体现。

第二,护理管理者应注意分析研究护士角色生理、心理、社会方面的个性特征。关心、体谅护士,有的放矢地帮助他们解决工作、生活中的心理问题和生活实际困难,最大限度地调动、发挥他们的积极主动性。

第三,护士应努力处理好工作和家庭生活的关系。一方面,应与家庭成员经常进行思想交流,使家人能够充分了解护士工作的特殊性和意义,以求得他们的理解和支持;另一方面,应尽可能地多挤出一些时间与家人相处,并合理地安排家庭生活。

第四,护士角色应该认识到,工作岗位虽然有区别,但每个岗位都是不可或缺的。只要努力工作,任何岗位都可以发挥作用,并可取得优秀的业绩,得到人们的尊敬。因此,护士应把工作岗位或工作内容的变动,看成是对自己的挑战、锻炼和培养。如果能在这些方面转变认识,做出努力,其角色的修养就会得到提高,由此引发的护士与病人之间的角色冲突就能得到解决。

2. 由病人角色方面的原因引发的角色冲突及其解决方法。

在护理实践中，病人与护士之间的角色冲突，有相当一部分是由病人方面的原因引发的。具体主要有以下几种情况：

首先，病人角色因生理方面问题引发的角色冲突。病人角色由于生理上的异常变化，会出现疼痛、心慌、憋气、无力等不适之症，甚至受病痛折磨夜不能眠，而心情烦躁或脾气暴躁，急切地希望能尽快地解除病痛，有些人对医护人员抱有不切实际的期望。然而，"病来如山倒，病去如抽丝"，当病人的主观愿望不能实现时，他们就会因此而不满、抱怨，可引发与护士的矛盾冲突。

其次，病人角色因心理问题引发的角色冲突。一旦成为病人，人们不仅在生理上出现异常，而且在心理上也会出现不少的变化，如紧张、焦虑、敏感、多疑等等。病人的这些心理问题，得不到疏导和排解，容易引发与护士的角色冲突。例如，有些病人的疑心很重，他们常根据医护人员的某些举止去猜测自己的病情和预后。当护士为打消他们的思想顾虑进行解释说明时，他们不仅不信，反而疑心加重，甚至还武断地认为护士是有意隐瞒而生出埋怨，引发角色冲突。

再次，病人角色因社会、家庭、工作等方面问题的困扰引发的角色冲突。人们都生活在现实社会中，具有多方面的社会关系，扮演着多种社会角色，病人也是如此。正是这种复杂的情况，容易使病人与护士产生角色冲突。例如，某住院病人，因家中有年迈的父母、多病的妻子和年幼的孩子需要照顾，而烦躁、焦虑、心神不定，加上病痛的折磨，稍有不适就可能对护士发脾气，从而产生角色冲突。

最后，个别病人有时向护士提出某些不合理的要求，遭到护士的拒绝，他们也会向护士发脾气，出现角色冲突。

解决由病人角色方面的原因引发的病人与护士之间的角色冲突，护士可采取如下措施加以解决：

第一，护士角色应具有爱心，包括爱生命、爱病人、爱事业等。有了爱心，就会有崇高的境界和博大的胸怀。

第二，护士角色必须能知心。治病应先知心、治心。充分了解病人的心理状态，理解他们的心情、愿望和要求，及时解决、疏导。谅解病人的行为表现，做病人的知心人。

第三，护士角色必须做到细心。细心地关照病人打针吃药，细心地观察病人病情的微小变化，细心地分析和掌握病人的心理活动。只有细心才能带来好的护理效果并防患于未然。

第四，护士角色必须有耐心。病人急，作为护士不能急；病人烦，作为护士不能烦；病人态度和言语不当，作为护士不能与之相对；即使对病人提出的不合理要求，也应耐心讲明道理，婉言拒绝。只有这样，病人与护士之间的角色冲突才能得到较好的解决。

二、护理实践中的角色不清

所谓角色不清，是指角色扮演者对某一角色的行为标准不甚了解，不知应该及怎样去做。出现角色不清的原因主要有两方面：首先，是社会急剧变化导致许多社会角色发生变化的结果。随着社会的发展，人们常常感到很多社会角色的行为规范已大大超出过去习以为常的范围，从而使不少人对此感到不得而知，无所适从。就护理实践而言，伴随医学护理学的发展，关于健康和疾病的概念以及医学、护理模式都发生了重大的变革，从而使一些护士出现了角色不清的现象。近代医学认为，所谓健康就是指人体内部的生理生化指标未出现异常；而所谓疾病，则是指身体内出现高于或低于正常值的生物性和化学性的变化。这一认识在今天看来，已具有很大的局限性。世界卫生组织（WHO）关于健康的新定义是："健康不仅仅是没有疾病和衰弱，而是躯体上、精神上的完好状态和良好的社会适应"。与此同时，关于医学模式的概念也已由生物医学模式，发展为现代的生物、心理、社会医学模式。这些基本概念的发展变化，导致了护理观念和职能的重大改变。专科护理、技术操作、基础护理、观察病情、护理科普、心理护理、护理管理、护理教学、护理科研等，都被包括在护士角色的工作范围之内，治疗疾病、恢复、促进健康成为护士角色的最基本职责。面对这种变化，有些护士的思想仍停留在原有的传统观念上，对现代护士角色的任务、职责、行为规范不甚了解，就会出现角色不清的情况。

其次，出现角色不清的原因，还在于某些新参加工作的人，由于岗前教育、培训不够，甚至根本未进行岗前培训，使他们对特定角色应具有的权利、义务、职责、行为规范等，知之甚少，甚至完全不知的结果。这必然造成他们在实际工作中的行为与其特定角色应有行为之间的较大差距。例如，为解决护士编制不足的问题，不少医院聘用护工，将一些护理非技术性工作从护士工作中转移出去，由护工操作。但由于护工的水平较低，流动性大，岗前的培训工作不规范，使得许多护工在角色不清，即未理解和掌握这一社会角色的内涵、行为规范和技能的情况下从事工作，极大地影响了护理工作的质量。

解决角色不清问题的有效方法，就是通过各种途径努力学习，不断更新知识，使之跟上社会时代的步伐。

第四章 护理人际关系

在医疗护理过程中,护理人员自身之间以及与其他卫生人员和病人之间必然发生种种联系,产生种种错综复杂的人际关系。护理人际关系是指人们在护理实践的交往过程中的关系,包括护患关系、护际关系、医护关系以及护士与医技、后勤人员的关系等等。护理人际关系的状况直接影响着护理工作的质量和水平。为此,有必要加以研究和认识。

第一节 护患关系

一、护患关系的基本模式

护患关系即护士与患者的关系,这是一种基本的护理人际关系。美国一些学者根据护理工作的实际,从不同角度提出了护患关系的基本模式。如 M. 金(M. king)1971年提出了"相互作用模式";谢黑·史密斯(Shen·Smith)1980年提出了"代理母亲模式"、"护士-技师模式"和"约定-临床医师模式"等三种模式;萨斯与荷伦德从医护人员和患者的关系方面提出了"萨斯-荷伦德模式"包括"主动被动型"、"指导合作型"和"共同参与型"等。下面以"萨斯-荷伦德模式"为主线,将护患关系的基本模式综合、概括为以下三种:

1. "主动-被动"型模式

这种模式也类似于史密斯的"代理母亲模式"。其特点是,护士处于主动的支配地位,病人则处于消极、被动的地位。此模式主要体现在护理学以疾病护理为中心的阶段。史密斯认为,在这种模式中,护士充当的是象母亲一样的家长式角色,他们完全按照自己的价值观和意志对病人进行治疗、护理、关心和照顾,并对病人的行为进行干涉。作为病人角色必须遵从护士角色的命令,被动地接受治疗和护理,没有任何主动性可言。由于护患之间缺乏沟通,护士往往不能及时地从病人身上得到病情信息的反馈,特别是如果护士的责任心不强,也很难做到设身处地地为病人着想,满足他们的生理、心理和社会需要。这必然影响护理质量的提高,甚至可能在护理过程中出现差错、事故。同时,也容易产生护患矛盾。因此,在通常情况下,这种模式是不可取的。但是,在某种特殊场合,对某些缺乏或失去理智的自我判断能力的病人,如昏迷病人、婴幼儿、严重心理障碍或精神疾患发病期的病人等等,此模式的应用还是必须、合理的。

2. "指导-合作"型模式

这种模式的特点是,护士虽然仍然处于主动的地位,但已不再是支配者、命令者,而是以宣教者、指导者的角色出现,在对病人实施治疗、护理,满足病人各种生理、心理、社会需求的同时,还进行相应的护理卫生知识的宣教和指导。与此同时,病人的主观能动性也有了一定的调动,使之能主动地将治疗护理中的感觉、反应提供给护士,积极配合治疗、护理工作的开展。

这种护患关系模式是在整体护理的基础上产生的,它有利于提高护理质量,避免、减少医疗中差错、事故的发生;也有利于护患关系的改善。在当前社会,卫生知识普及范围还不很广泛的情况下,是较为普遍、适宜的模式。

3. "共同参与"型模式

这种护患关系模式类似于史密斯的"约定-临床医师"模式。其特点是,护患双方共同参与医疗、护理活动,共同制定符合病人角色需要的护理计划,并在实施过程中相互配合。病人主动地提供治疗护理的体验效果和建议,护士则据此作为制定调整护理方案的依据。在整个护理过程中,护士与病人始终以平等的身份、地位进行交流,二者的价值观受到同等程度的重视,积极主动性可得到最大的发挥。

这种模式,对于建立良好的护患关系,最大限度地提高护理工作的质量和水平起着重要的作用。因此,应是一种最理想的护患关系模式。但这种模式需要较高的文化修养,目前仅适用于与患慢性病且具有一定的文化水平和医学知识的病人之间。

上述三种护患关系的基本模式各有其特点,在护理实践中应具体问题具体分析,根据不同的疾病和疾病发展的不同阶段,以及患者的心理状态、文化水平、医学修养、社会地位、年龄等等的不同,采用适当的模式,切不可千篇一律地生搬硬套。

二、护患之间的交往方式及影响护患关系的因素

(一)护患之间的交往方式

护患之间的交往是双方相互沟通,相互提供所需信息的交流过程。其交往的基本形式主要有两种:

1. 语言形式的交往:

语言性交往,是人们利用语言传递信息的交往形式,这是人类表达思想的一种特有、主要的方式。而护患之间的语言性交往又有不同于一般人际交往的特点,即交往的内容有护理的专业性和目的性,主要围绕疾病的反应以及病人的各种生理、心理、社会需求等问题展开。例如,护士通过与患者的交谈,收集有关病人身体状况的信息资料并向病人提供相关的健康教育知识等,使患者能够尽快理解,并与医护人员达到共识。所以,语言性交往可以快速、直接地产生效果。

2. 非语言形式的交往

非语言性交往是人们通过声调、语气、面部表情、目光、躯体姿势和动作等方式传递信息的交往形式。它虽然不如语言直接、明白,但往往更能流露真情实感,因此对有声的语言起着强化的作用。例如,一个人很容易控制自己,知道什么该说,什么不该说。但一个眼神、表情却不自主地"泄露"内心的秘密,正所谓"眼睛是心灵的窗户"。国外有些心理学家指出,感情的全部表达=7%言词+38%声音+55%形体语言。而其中的声音和形体语言即属于非语言性表达方式。由此可见,非语言性表达方式在人们交往中的重要地位。一个有经验、责任心强的护士,可以通过非语言性表达方式了解患者的内心变化,并对病人施行有效的心理呵护。

(二)影响护患关系的社会因素

在护理活动中,护患关系受社会多种因素的干扰和影响,具体主要有以下几个方面:

1. 社会环境的影响

社会环境包括社会制度、生产力水平、社会物质生活条件以及社会的精神文明程度等因素,都对护患关系产生直接或间接的影响。

首先,现代社会市场经济体制的转变对护患关系的影响。随着我国社会主义改革开放政策的贯彻实施，计划经济转变为市场经济体制。这一方面，极大地促进了社会主义经济的发展；但另一方面，也使不少人产生了经济效益第一、金钱至上的思想，并将这种观念引入到医院管理和医疗护理实践中。如某些医护人员向病人索要红包、物品；有些医护人员对病人区分贵贱、分别对待，对有权势者虚伪迎合，对无用之人则不予理睬，冷若冰霜，不能做到一视同仁等等。这种行为不仅违背了医德医风，玷污了白衣天使的美誉，而且也影响了护患关系的改善。

其次，社会人群健康要求的提高对护患关系的影响。由于社会经济的发展，人们的物质生活水平有了较大的提高，加上卫生知识的普及，人们对健康的要求越来越高。不仅要求有病获得优质的治疗护理，而且要求得到预防、保健、健美、美容等方面的服务。同时，还要求就近方便就医，建立巡回医疗、家庭病房等等。这些健康需求能否得到满足及满足程度如何，对包括护患关系在内的医患关系均产生很大的影响。

2. 现代科技革命和医学、护理模式转变的影响

首先，现代科技革命的发展，使治疗护理中使用的高、精、尖先进仪器设备日益增多，护理人员常常可在不接触病人的条件下完成治疗和护理。这就容易出现疾病与病人的分离，从而减少护士与病人之间的接触、联系，造成护患关系物化或淡化的倾向。

其次，随着医学、护理学的发展，生物、心理、社会医学及整体护理模式逐渐被人们所接受，人们越来越认识到综合治疗、整体护理的重要性。而护士要对病人实施全身心的呵护，就需要密切同病人的联系，这对于改善护患关系会产生良好的影响。

3. 护患双方因素的影响

护患关系状况与护患双方的文化水平、道德修养、心理状态等因素密切相关。

来自护士方面的因素主要有：

(1) 是否具有较高的护理道德，对病人有责任感和同情心。在医疗护理活动中，是否一切从病人利益出发，体贴病人，最大限度地解除病人的身心痛苦，并对病人一视同仁，会影响护患关系的状况。

(2) 是否具有良好的生活习惯、生活方式，以身作则并保持健康稳定的情绪也影响护患关系的改善。如向病人宣传烟酒的危害，自己却二者都沾；工作中不善于控制自己的情绪，把生活中的喜、怒、哀、乐带给病人，都会直接影响病人的情绪变化和心理反应。

(3) 对病人是否热情，诚恳，并具有与病人沟通的技巧和方法也会影响护患关系。热情、诚恳的态度可以消除病人的思想顾虑，取得病人的信任；恰当的语言、举止可使病人心情舒畅，从而便于护患关系的沟通和改善。反之，语言冰冷、生硬则会使病人产生消极情绪，影响护患之间的理解和沟通。

来自患者方面的因素主要有：

(1) 因疾病特别是某些绝症产生的焦虑、恐惧、烦躁，以及医院环境带来的陌生感和孤独感等心理问题得不到疏导，而造成患者情绪波动、脾气暴躁，甚至失去理智地出现破坏行为，并因此容易与护士发生矛盾冲突，影响护患关系。

(2) 某些病人缺乏道德修养，对护士不尊重或向护士提出无理要求；或者不认同护士的管理，违背医院有关规章制度等等，也可影响良好护患关系的建立。

三、改善护患关系的方法和技巧

建立良好护患关系的重要方面是要正确处理、解决护患之间的矛盾，而护患矛盾的主要

方面是护士。护士要与病人建立良好的关系,不仅需要高尚的医德、平和的心态、精湛的技术,而且还需掌握与病人交往的技巧和方法。

(一) 注意交往的仪表和举止

人际交往中的首映印象是十分深刻的。而人的仪表和举止又是首映的第一印象。因此,护士在从事护理工作与病人接触时,应注意自身仪表、举止端庄,着装整洁大方,谈吐文明礼貌,使病人感到朴实、稳重、可敬、可亲、具有安全感,这就为良好护患关系的建立打下了信任的基础。

(二) 掌握语言性沟通的技巧

语言是改善护患关系的工具,实施语言时应注意以下几方面:

1. 语言沟通要注意选择合适的时间,把握最佳时机。即应在交流者自我感觉较好、情绪稳定的情况下进行沟通,否则会影响沟通的效果。

2. 交流内容应选择、引导病人谈及与治疗护理有关、并使双方都感兴趣的话题,这样才会增加病人的耐心并使其注意力集中。

3. 掌握病人的生理、情绪、智力水平、年龄以及生活习惯,注意了解其宗教信仰、职业、社会地位等方面的状况和差异,针对不同的病人善于进行不同内容的谈话。

4. 在语言沟通中,护士对病人的倾诉要耐心听取,不要中途随意打断,以示对病人的尊重。同时,在沟通目的已经达到时,应恰到好处地中断谈话。既不能话题展开没有终结,也不能话题刚完病人还兴致犹在时,就生硬地打断、终止谈话。

5. 用语言对病人进行心理安慰时,要注意语言的情感性和治疗性。所谓情感性,是指语言态度要和蔼、温和,体现出对病人的关怀和体贴。所谓治疗性,是指语言要有解释性、鼓励性、暗示性和保护性,并且涉及的内容、程度应有选择性,以不给病人带来心理负担为前提。对某些可能引起病人不良心理反应的信息如严重的病情等,应注意适当保密。通过与病人的交谈,应使病人明确自己目前存在的问题和忧虑,帮助他们进行排解、疏导,满足其生理、心理方面的需求。

(三) 正确运用非语言性的沟通形式

如上所述,非语言性沟通形式由于常常是人们无意中真实情感的流露或病情的直接反应,因此在护患沟通中也应注意其中的技巧。

1. 在与病人及家属交往过程中,应面带关怀、亲切的微笑,目光柔和、表情自然,切忌表情呆板、厌倦、冷若冰霜或过于随便。

2. 在与病人接触中,应善于敏锐地从病人的每个眼神、表情、姿势中掌握其疾病反映的信息资料,了解病人的心理状态和心理需要,以便迅速发现问题,及时调整护理诊断和计划,有针对性地加以解决。这对于出现语言障碍的失语病人尤为重要。在这种情况下,护士可采取先与病人亲属沟通,理解病人习惯的眼神、表情、手势的含义,然后再与病人进行交流。

3. 在为病人进行治疗和护理时,尤其是面对病人受疾病折磨、极度痛苦的状态,护士应表情严肃、收敛笑容,目光中显露出同情、关注。护理中要神情专注,切忌边操作、边聊天的行为。

4. 正确运用自己的非语言性表达方式,对病人及其家属实施行之有效的心理呵护。作为护士,一个委婉的语气、温柔的眼神,甚至是理解的沉默,都会使病人及亲属感到同情和温暖。同时,人们患病后大多比较敏感,对医护人员的每个眼神、表情和语气都非常留意和关注，从中猜测自身疾病的严重程度和医护人员所持的态度。例如，同是一句问候病人："你吃药了吗？"由于语气不同可以理解为不同的含义。因此，护理人员应注意防止非语言形式给病人造成的消极影响，在工作中善于控制自己的个人情感，避免将不良情绪带给病人，努力做到忧在心而不形于色，悲在内而不形于声。

第二节 护际关系

护际关系是护理人员之间的关系。由于护士的职务、职称、年龄、资历不同，护际关系又可分为同级护际关系、上下级护际关系和教与学的护际关系等。

一、同级护士之间的关系与沟通

护士处于医疗护理工作的第一线，直接承担着护理任务和对危重病人的抢救，其护理质量和护理技术水平的提高，需要护士之间团结协作。护际关系是反映护士素质及护理工作状态的重要标志。良好的护际关系在于：一方面，每位护士对自身及他人应有正确的认识和评价。彼此之间应相互信任、尊重，避免互相议论和宣扬、抬高自己，贬低、讽刺他人的思想和行为；另一方面，所有护士都应具有集体感、团队精神和主动参与集体活动的意识，彼此之间应相互支持、维护，协同工作，分享经验，共同对付困难。具体体现在以下几个方面：

1. 对危重病人的抢救及高难护理中的护际沟通

患者时常在出乎意料的情况下出现病危状态，从而造成护士有时来不及充分准备抢救设备及用物。即使在有充分准备的情况下，因"时间就是生命"，也需要医护人员互相配合，使抢救措施及时落实，才有可能挽救患者的生命。在此种状态下，要求每位护士都应密切关注病危患者的病情，了解护理工作的状态，主动地承担工作任务，发现问题及时提出改进意见和处理办法。对于高难而复杂的护理，护士之间要相互学习，互相支持、共同讨论，攻克难关。

2. 交接班护士之间的沟通

护理工作具有连续性、协调性，但它不可能由某个人一贯到底，而是通过分班承担，以交接班的形式实现。交接班是护士之间的一种规范的沟通形式。医院管理中对交接班的内容和要求有严格规定，护士对此应科学、严肃、一丝不苟，各种记录作到及时、准确、清晰、全面；对病情状况、药品及无菌物品的种类、数目要当面交清；对危重病人应进行床头交接。

交接班是护士团结协作的体现，切不可因护士之间的关系不和而不与其交接，或危险因素不详细、全面交待；也不能因护士之间关系密切而简单交接，导致交接班不清而出现工作上的失误、差错甚至事故。一旦出现差错应勇于承担责任，不回避、推卸。

3. 不同年龄、职称的护士之间的沟通

护士虽有老、中、青不同年龄和职称、职责上的差别。但要保证护理工作的整体性，同事之间不论年龄大小、职称高低，都应互相尊重，互相学习。高职称的年老者应以身作则，并关心低年资的年轻者成长，帮助他们尽快地提高业务水平和思想道德修养。而年轻者应尊敬年资高的同事，虚心求教，接受指导，并在工作、生活上给予关照。

二、上下级护士之间的关系与沟通

上下级护士之间的关系即护理管理的领导者与护士的关系,此关系的状况是影响护理工作质量的关键因素。

（一）上级对下级应遵循的原则

要处理好上下级关系,各级护理管理的领导者（包括护理部主任、科护士长、护士长）是矛盾的主要方面,对协调护际关系起着枢纽作用,是护理队伍的核心。护理管理者在人际管理上应抛弃"责任命令式"的管理,多进行情感管理的投入。具体应注意以下几点：

1. 加强自身建设,不断更新知识、提高素质、增长才干,以树立在护士中的威望。

2. 以身作则、严于律己,培养无私、公正、平等、坦诚、民主的思想品德和作风。对下属平易近人、尊重、信任、一视同仁,虚心听取下属的意见和建议,出现问题主动承担责任。

3. 密切联系群众,主动关心护士的生活、工作、健康、家庭和学习,促进感情上的融洽,努力避免或及时消除隔阂。

4. 在工作中应重点采用激励机制,以表扬为主。对护士工作中不足和问题的批评或处罚应注意以理服人,使之心服口服,并讲究方式方法,尽量避免当众指责、训斥。

5. 通过授权护士轮流排班等形式,让护士参与管理,以增强护士对管理者的理解,缩短上下级的距离,从而促进领导者与被领导者之间的沟通。

（二）下级对上级应遵循的原则

处理好上下级的护际关系,除上级领导方面的因素之外,作为下级护士应注意以下几点：

1. 尊重、理解上级领导,服从他们的领导和管理。

2. 在努力完成本职工作的前提下,积极支持、配合上级领导的工作,主动将自身的局部经验及时反馈给护理管理者,使上下级之间保持信息的畅通,以便于领导对整个护理工作的改进和协调。

3. 对上级领导,尤其是年长、体弱多病者,在生活上应主动关心、照顾,以增强领导与群众的情感交融,提高护理工作的凝聚力。

总之,上下级护理人员之间只有处于团结、协调、一致的良性状态中,才能保证护理工作沿着科学化、规范化、制度化的轨道进行。

三、教与学的护际关系与沟通

在护理实践中,护士之间存在着多种护际关系,除了同级、上下级护际关系之外,还具有教与学的关系。这种关系具体表现在两个方面：

（一）在职护士之间的教与学关系

在职护士虽然具有年龄、资历、职务、职称等方面的差别,但在教与学的问题上,则是双向的、互为老师、相互学习的过程和关系。

1. 作为年龄较大、年资较高的护士来说。一方面,他们具有年轻护士所缺乏的、较丰富的临床护理知识和经验；但另一方面,随着医学护理学的发展、医学模式的转变,他们还需要不断地更新知识,包括护理科学前沿和社会人文科学方面的知识,才能适应现代护理工作的需要。而年轻护士由于在新教育体制中学习、灌输了一定的新知识,因此年长护士应在这方面向年轻护士学习。

2. 年轻、资历浅的护士要将所学的理论知识真正地理解、掌握，必须通过临床护理工作实践的锻炼，而在这方面他们远远不及经验丰富的年长护士，因此应虚心地向资历深的护士学习。

（二）在职护士与实习护士之间的教与学关系

医院不仅是为病人服务的场所，也是临床教学和实习的基地，在职护士作为临床护理教师与实习护士之间也构成了教与学的关系。要处理好这种关系，提高护理教学质量，在职护士应注意以下几点：

1. 在护理道德规范、行为、技能等方面，包括情绪饱满、面带微笑、态度和蔼、动作轻柔、认真仔细地护理病人，满足病人的各种需求；尊重病人的权利，正确处理护患关系等等，应为护生做出角色榜样，以护士应有的言行、情感影响、指导护士。

2. 启发、诱导、激励、提高实习护士独立思考、解决问题的能力，鼓励他们不断发现自己的学习需要，大胆放手让他们主动寻找机会锻炼自己，并帮助他们总结经验、教训，减少、避免因临床实习监督或斥责，对学生造成的应激性影响。例如，一学生为病人行导尿术，因心理紧张、手忙脚乱，不仅将消毒次序颠倒，而且还找不到尿道，急的满头大汗。对此，护理教师并未指责，而是轻轻地安慰、鼓励并耐心地加以指导，从而使该学生顺利地完成操作。

3. 注意实习护士在积极性、反应理解力及操作能力等方面的个体差异，针对不同的学生采取相应的教学方法。同时，允许反应、动作慢的学生用更多的时间去完成护理工作。

4. 在生活上关心照顾实习护士，密切与他们的联系，努力建立融洽的师生关系。

第三节 医护关系

一、医护关系的历史演变

医疗、护理在临床工作中是一个有机的整体，医生和护士的关系也是医疗、护理实践中的基本人际关系之一。医护之间关系的状况，对医疗、护理工作质量的保证和提高具有举足轻重的作用。

纵观医护关系的发展，在不同的历史时期，呈现出不同的关系类型。

在古代护理未成为一门独立职业以前，护理工作主要是靠家庭妇女、奴隶承担，或者完全由医生负责，对病人实施医护合一。后来，随着个体医疗向各类病坊的转变，许多病人集中在病坊中治疗，由未经培训的妇女，集中向病人提供生活照料服务，医护关系表现为医生与看护的关系。

随着近代医学的产生和发展，到19世纪中叶，护理知识逐渐发展成为护理科学，使得医护分工日益明确，护理最终从医疗工作中分离出来，成为一门独立的职业。这使医生与护士之间的关系进一步发生变化。护士是医生的助手，处于医疗的附属地位，其工作是被动、机械地执行医嘱，对病人实施治疗和护理。护士不直接对病人负责，而仅仅对医生负责，医护之间表现为主从型的关系。

这种医护关系模式形成后，在医疗工作中长期居于主导地位，在我国甚至一直延续至今。究其原因除了生物医学模式的影响之外，还与下面两个因素有关：第一，我国的护理教育结构层次长期偏低，护士的文化素质大多停留在中专水平，这必然使他们在工作中难以达到与医生同等的地位。第二，护理人员数量长期编制不足，医护比例严重失调，使护士任务重，其作用难以充分发挥，也是造成医护主从型关系的重要原因。

随着护理学的进一步发展，现代护理学已成为综合自然科学、社会人文科学知识并与医疗并列的、共同为人类健康服务的、独立的应用学科。护理的任务不断扩大，护理的学科体系、组织系统逐渐建立、完善。护士作为健康服务系统中的成员不再仅仅是医生的助手，也是医生的合作伙伴和健康服务的共同参与者，医护之间应呈现出一种平等、交流、合作的新型关系。

二、理想的医护关系模式及其作用

（一）理想医护关系模式的含义

根据现代护理工作在临床医疗中的重要地位和作用，医生与护士之间理想的关系模式应是建立在"以病人为中心"基础上的"并列-互补型"关系。

所谓"并列"是指，医疗与护理是医疗卫生工作中的两个并列的要素、方面，二者工作的侧重点虽有不同，但无主次之分，它们贯穿于疾病治疗的全过程，发挥着同等重要的作用，缺一不可。

所谓"互补"是指，医护之间不断交流信息、相互配合、互为补充。在医疗过程中，医护之间首要的是疾病信息的沟通。护士通过护理观察，将病情的信息资料及时反馈给医生，可为医生正确地诊断、治疗疾病提供客观依据；反过来，医生的诊断及治疗方案作为医嘱下达给护士，又为护士的护理诊断、护理计划提供了指导。二者在信息交流的基础上，相互配合、协作，从而为患者提供整体、全面的医疗护理服务。

（二）并列互补型模式的作用

"并列-互补"型之所以是最理想的医护关系模式，其作用主要体现在以下两个方面：

1. 它是医疗活动顺利进行的保证。整个医疗过程包括从病人入院到出院，都是医护之间相互合作的过程。首先，护士是观察病情的哨兵，他们通过对病人体温、血压、脉搏、呼吸等生命体征的测量，以及病人个性特征、心理状态的了解，将病情的第一手资料（其中常常包含危重病情的指征）传递给医生；医生在此基础上进一步问病史、做体检，并综合病人各种主客观信息资料作出疾病诊断和治疗方案，同时下达医嘱；护士能动地执行医嘱，并按护理程序实施治疗和护理。医疗活动的每一步离开了医护之间的信息交流、相互协作都不可能正常进行。特别是对危重病人的抢救，更需医护人员配合默契、争分夺秒，作到及时、准确、果断。其中，护士能否迅速、敏捷地提供抢救所需的各种药品和器械，常常是抢救成败的关键之一。

2. 它可保持医疗过程的非偏性，避免或减少医疗工作中差错、事故的发生。在社会领域中，不同的角色有不同的思想行为规范和分析、解决问题的方式。医生与护士属于医疗活动中的不同角色，他们工作的侧重点也有所不同。如前所述，医生侧重于疾病，而护士则侧重于疾病的反应症状。由此决定了二者看问题及处理问题的角度也必然存在着差异。如果医护双方仅仅从各自的角度思考、处理问题，就有可能因片面性而出现职业角色的偏差，这也常常是医疗过程中差错、事故发生的原因之一。然而，在"并列-互补"型的医护关系模式下，医护之间相互配合默契、互为补充，就能在一定程度上纠正、弥补这种职业角色偏差，避免或减少医疗差错、事故的出现和发生。例如，某医院急诊室一次收治了一位50岁左右的上腹部疼痛的男性心梗病人。由于值班大夫是主治内科消化道疾病的医生，受专业的局限，将疾病误诊为胃痉挛。待开药后病人即将离去时，当班护士根据急诊室多年对各种急症病人的临床护理观察经验，及时提醒医生为病人做了心电图，结果心电图显示：病人急性下壁心梗。由于医护人员之间的相互配合、补充，避免了一次重大医疗事故的发生。又如，在医疗活动中，有些医生在下达医嘱时因疏忽而遗漏对病人的某些化验检查的项目，经常是由有治疗经验的护士的及时补漏，而得到了纠正。

"并列互补"既是医护关系的最理想模式，也是医护人员处理医护关系的行为规范。在医疗实践中，二者只有共同努力、自觉遵循上述模式的基本原则，就能最大限度地发挥医疗护理工作的作用。

第四节　护士与医技、后勤人员的关系

医疗护理工作处于直接为病人服务的第一线，而医技、后勤人员，则围绕医护工作、辅助性地、间接为病人服务。两者分工不同，目的则是一致的。护士与医技、后勤人员良好关系的建立，是为患者提供全面服务的重要前提。要处理好这种关系，需要双方树立全局观念，及时沟通信息、相互尊重、密切协作。

一、护士与检验科人员的关系与沟通

处理好护士与检验科人员的协作关系，作为护士应注意：第一，了解疾病的诊断、治疗与检验项目的依赖关系，做到及时地送取检验标本和结果。第二，掌握采集标本的基本要求。如胸、腹水的标本应立即送检，否则会因蛋白质的凝固而影响检验效果。第三，掌握采集标本的正确方法。如生化检验采血所用试管颜色应与所查项目相符合；采集标本后，应严格核对，避免因质量问题重复采血而增加病人的痛苦，延误诊断，浪费人力、物力和时间的情况。作为检验人员应注意：第一，收检标本应做到及时、准确。第二，对标本妥善保管，防止发生遗失或错误。第三，对有疑问的项目或结果，应及时与医护人员联系，以保证检验结果的正确性。

二、护士与放射科人员的关系与沟通

处理好护士与放射科人员的协作关系，作为护士应注意：第一，应按照放射科的检查项目和要求，如禁食、灌肠等，事先告诉病人做好必要的准备。第二，应按预约时间，将必要的物品送至放射科。而作为放射科人员，应注意配合临床科室人员，及时为病人实施透视、拍片等各种有关的检查，以便于早期诊断。

三、护士与药房人员的关系与沟通

处理好护士与药房人员的协作关系，作为护士应注意：第一，应按药剂科的工作制度和规定，有计划地做好药品的领取、报损工作。第二，认真、严格地遵守毒麻药品的管理制度，不得以任何不正当的方式或途径私自领取、购买。而作为药房人员，应注意了解护士对药品质量及供应的意见并及时介绍新药，通知缺药品名等。

四、护士与后勤人员的关系与沟通

医院的后勤部门是维持医院良性运行的重要支持部门,它掌握着医院系统惯性运行的水、电、热等方面的供应,其任务繁重、琐碎。后勤部门的工作与护理工作的生活服务部分关系密切,衣、食、住、行、水、电、气等方面的供应状况对病人的治疗和护理质量有重要的影响。例如,水、电、热供应正常与否,直接关系病房的清洁卫生;消毒隔离、室温调节、设备运转、以及病房被服状况如何,直接影响到病人的皮肤护理;污水的处理是否符合卫生学的要求,涉及病原体的传播及对人健康的影响等等。为此,护士与后勤人员也应注意关系的协调。

作为护士,首先,应尊重、体谅后勤人员的劳动,并对后勤工作中的问题多一点理解,少一点指责和埋怨;其次,要向医护人员及病人经常进行节约水电、爱护医院设备,保持下水道通畅等方面的宣传教育,并以身作则,以减少后勤部门不必要的工作量。同时,对后勤部门的下收下送工作,要给予支持,事前做好准备,以免拖延时间。

作为后勤人员,首先,应对医疗护理工作中的设备仪器定期检修,以节省护士联系维修的时间。其次,对仪器使用过程中随时出现的问题应及时地加以修理,以免延误对病人的治疗和护理。再次,在制作被服、敷料或购置物品之前,应尽量与护理部取得联系,以便于分清轻重缓急,也能使所购物品的规格符合要求,避免浪费。

总之,为患者提供优质的护理服务,是医院的一项系统工程,需要医院全体人员的共同支持和参与,只有整体的协作和有效的沟通,才能保证医院各项工作任务的顺利完成。

第五章 护理人员的社会流动

护理人员的社会流动是影响护理质量、水平的重要因素。在当前护士编制不足的情况下，加强对护理人员社会流动的研究，使其达到合理性，对保证护理工作有效地发挥作用，满足整个社会人群对健康的需要意义重大。因此，它也成为护理社会学研究的基本内容。

第一节 护理人员社会流动概述

一、护理人员社会流动的含义和类型

社会学中的社会流动是指，社会成员在一定的社会分层结构中位置的变动，这种变动可以是在社会阶级、阶层之间的转移，也可以是同一阶级、阶层内部在职业或一般活动空间等方面的变动。就护理人员而言，这种社会流动表现为两个方面：其一，是护士在护理领域内部的社会流动，包括护士职务、职称、地位的升降，如从护士提升为护士长，从护士长晋升为护理部主任；以及科室病区之间的调动或专科护理项目的转移等活动空间的变动。其二，是护士在护理领域与其他社会领域之间的社会流动。如有些护士在市场经济的冲击下，脱离护理职业下海从商，就属于这种情况。

护理人员的社会流动是复杂多样的，从不同的角度可以区分为不同的类型。

首先，从社会流动的原因来看，可分为结构性流动与自由流动。结构性流动是由于社会文明的发展，医学新技术的产生，以及医疗卫生体制的改革而引起的护理人员的社会流动。这种社会流动一般来说，涉及的人数较多，范围较广，规模也较大。所谓自由流动是指，护理人员由于个人的某些特殊原因和机遇导致的社会流动。例如，个人主观不懈的努力，使自身的职业素质和业务技能不断提高，在医院管理层人员调整、任聘时，由护士长晋升为护理部主任。这种社会流动不是由社会结构或卫生体制的变化引起。因此，一般说来，它涉及的人数较少，范围规模较小，属于个人自身职位、职称、活动空间的变动。

其次，从社会流动的方向来看，可分为垂直流动和水平流动。垂直流动也称之为上下流动，它是指护理人员在护理领域中社会地位包括职务、职称的升降。其中，从较高地位向较低地位的流动叫下向流动。反之，从较低地位向较高地位的流动叫上向流动。水平流动是指护理人员在护理领域同一层次中工作空间的变化。如从外科调到内科，从急诊室调到治疗室等。这些变动对护理人员的收入、地位、权力、声望没有明显的影响。

再次，从对护理工作及社会的影响性质来看，可分为合理性社会流动与不合理性的社会流动。合理性的社会流动是指有利于护理人员的合理使用，对护理工作及社会的发展起积极促进作用的社会流动。如对护士进行考察、培养，将素质水平较高、能力较强者的提升使用；又如，在医疗卫生体制改革中社区卫生服务站的设立，有些护士从医院调整到社区服务站工作等。所谓不合理的社会流动则是指，造成护理人才浪费，对护理工作及整个社会发展产生消极影响的社会流动。例如，在护理人员缺编的情况下，有些护士受社会偏见和市场经济的冲击，离开护理队伍改行从事其他职业的社会流动就是一种不合理的社会流动。

二、护理人员的合理流动对护理工作及社会发展的促进作用

护理人员的社会流动是社会发展的具体表现,合理的社会流动对护理工作以及整个社会的发展具有积极的推动作用。

1. 护理人员合理的社会流动,有利于护理人力资源的合理配置,符合社会发展和科技进步的客观要求。流水不腐,户枢不蠹。唯物辩证法认为,世界上的一切事物都处在运动、变化、发展之中,绝对静止的东西是不存在的。社会人员的流动是社会发展的必然结果和具体体现。随着社会的发展与科学技术的进步,特别是新的医学技术的不断产生,以及人类的文明程度和对健康的要求日益提高,必然会出现一些新的医疗护理领域如试管婴儿、器官移植、人工心脏植入、临终关怀等方面的专科护理。与此同时,适应社会发展的需要,医疗卫生服务体制包括组织结构、服务对象、范围、内容也会作出相应的改革。上述变化都不可避免地带来包括护士在内的卫生人员的社会流动。这种社会流动是卫生人力资源适应社会发展,重新进行合理配置的具体体现,也是医疗、护理工作健康发展的重要条件。

2. 护理人员的合理流动强化了个人才能与社会地位、经济利益之间的联系,充分体现护理队伍积极向上的精神面貌,从而有利于增强护理工作的活力。护理人员合理流动的重要表现之一是垂直流动中的上向流动,即个人由于才能素质的增强,使自身职务的晋升,收入的增加,社会地位的提高。要实现这种上向流动,护理人员必须努力学习,刻苦钻研业务,不断提高自身的素质水平和技能。而这在客观上有利于培养、形成护理队伍努力进取、积极向上的心态,增强护理工作的活力,推动护理科学的稳步发展。

3. 护理人员的合理流动有助于各科室病区、护理专科以及上下级之间的联系、渗透、沟通,利于消除可能存在的隔阂,使护理人员在工作服务目标方面达到一致性的认同,促进护理工作的客观性、连续性、科学性。首先,科室病区护理人员的合理流动可以打破专业壁垒促进各护理专科之间的相互渗透、交流,这与现代医学、护理学分化、综合的发展趋势是相吻合的。其次,不同层次之间合理的垂直流动可以密切上下级、管理层与基层之间的关系。因为通过竞争上岗、则优选拔、流动到各级管理岗位的人员,一般说来,既有丰富的实践经验,又具备管理工作能力和群众基础与威信。所以,他们比较了解实际情况,容易发现护理工作中存在的问题,能较好地胜任护理工作的领导和管理。而且,与基层护理人员也更易于理解、沟通,体谅他们的苦衷,从而便于开展工作,以此实现护理工作管理的客观性、连续性和科学性。

三、研究护理人员社会流动的意义

1. 研究护理人员的社会流动可以提高护理管理的水平。护理人员流动的合理性与否,在一定程度上与护理管理的水平密切相关。护理管理水平较高的卫生机构,一般来说,在护理人员的使用上也能做到合理,并最大限度地发挥护士的积极主动性,从而,使护理人员的流动基本趋向于合理。而护理管理水平较低的卫生机构由于不能合理地使用护士,不注意调动他们的积极主动性,常常可能出现一些护士因新调动的工作不能胜任而影响护理质量,或者因积极性受到压抑产生这样或那样的思想实际问题,而不安心工作甚至离开护士岗位等造成护理人员浪费、流失的情况,从而出现不合理的社会流动。通过调查、研究护理人员社会流动的状况,窥视其中现存及潜在的问题,可以提示管理者有针对性地加以解决,并改进护理管理工作方法和技巧,提高护理管理的水平。

2. 研究护理人员的社会流动可以促进我国医疗卫生事业的改革。护理人员社会流动的合理性与否与医疗卫生体制有一定的关系。原有的卫生体制由于缺少活力和竞争机制，医护人员合理的社会流动受到很大的限制，护士的调动及晋升都由上级领导部门统一安排。并且，晋升到领导岗位上的人员只要工作没有大的失误，即使不出效益、没有成绩也不会降职，这种社会流动的受阻和不合理性暴露了计划经济条件下僵化、集中的体制的局限性，为我国医疗卫生事业的改革提供了必要性和客观依据。

3. 研究护理人员的社会流动，有利于提高护理工作的质量，推动护理工作的有效进行。一个医院的护理质量和水平涉及护理工作中的各个要素、各个环节，其中护理人员的编制数量、素质、能力等因素是其重要的方面。而在护理实践中，由于不合理的社会流动或因不注意培养选拔造成社会流动的停滞，常常会带来护理人才的流失、浪费、缺编和护士综合素质水平的低下，从而使护理工作的质量不能得到保证。因此，分析、研究护理人员社会流动中存在的问题，并有针对性地加以解决，对保证和提高护理工作的质量，具有重要的意义。

第二节　影响护理人员社会流动的因素

影响护理人员社会流动的原因多种多样，包括经济、科学技术的发展，经济体制的变革，以及社会世俗偏见的影响等等。

一、经济发展对护理人员流动的影响

经济发展是影响护理人员流动的重要原因之一。随着经济的发展，社会物质生活水平的不断提高，人们对健康的要求也不断增强和扩展，不仅需要在生病时得到及时、方便、优质的治疗和护理，而且在健康时还需要得到预防保健知识的咨询，健康生活方式的指导和医疗美容、保健按摩等方面的服务。

与此同时，由于经济发展带来的环境问题、人口结构老龄化以及缺乏健康知识造成的不科学生活方式，使许多慢性非传染性疾病的发病率呈明显上升趋势。这也需要在护理人力上加大对各种慢性病的防治和对特定人群特别是老年人的社会护理工作。

总之，为满足由经济发展带来的社会多层次、多方面卫生服务的需求，必然要对护理的人力资源进行相应的分配和调整，从而引起护理人员的社会流动。

二、科学技术发展对护理人员流动的影响

科学技术发展是影响护理人员流动的又一重要因素。当今社会科学技术的不断发展，使世界的竞争已成为，以经济为基础，以科技特别是高科技为先导的综合国力的竞争，"科学技术是第一生产力"是世界经济发展的前景，也是我国经济发展的必由之路。

随着科学技术尤其是医学新技术的发展和应用，医学领域中新的医疗技术和手段，如器官移植、试管婴儿、肾透析、人工器官植入等等，会不断出现。而新的、高水平的医疗同时需要新的、高水平的专科护理与之相伴随，医疗专业的拓宽和深化必然带来护理专业的发展以及护理人才配置方面的变动。

另外，医学新技术的引进，还会促进医疗各专业技术设备的更新和使用，如CT、核磁共振、B超、监护仪、血液透析机等等，使医院用更科学、更先进的医学手段诊查、治疗、护理病人。伴随医疗高、新技术设备的应用，又必然造成护理人员工作岗位的延伸和专业范

围的拓宽，使一部分护士专门从事这方面的技术操作工作。

三、经济体制变革对护理人员流动的影响

经济体制变革对护理人员流动也有重要的影响。1978年以前，在高度集中的计划经济体制条件下，受制度的束缚，人们生活、工作、学习的范围很窄，思维方式比较僵化、单一。护理人员工作稳定，满足现状，人员流动速度缓慢，大多数人在一个固定的岗位上一直工作到退休。即使存在的社会流动也主要为计划性流动，人员的自由流动则较少。如护士毕业后由国家统一分配到一定的单位；因工作需要经人事部门由某单位调到另一单位等。

1978年以后，由于改革政策的实施，计划经济向市场经济的转轨，带来了社会的开放和竞争，打破了长期稳定的"铁饭碗"。"下岗"、"转岗"，生产力重新组合的现象不断出现。与社会主义市场经济相适应，从90年代开始，我国的医疗卫生体制也引入竞争机制，围绕着"以病人为中心"进行了改革。一方面，医护人员实行病人选择、竞争上岗、则优选拔、量才而用的聘任制原则和制度；另一方面，为维持医疗机构的生存，提高卫生服务的市场占有率，满足社会人群不断增长的健康需求，原有的三级医疗机构变为二级服务体系，一、二级医院转变为社区卫生服务中心（站），这使护理服务的范围不断延伸、扩展，有些护士需要从医院调往社区，从事社区的卫生保健工作。

在扩展医疗、康复、保健服务的过程中，许多护士走出医院进入社区、家庭，把居民需要的护理技术和服务送上门。截止到2000年4月底，仅北京市11个城近郊区已有143家基层医院开展了社区卫生服务工作，并建立了社区卫生服务站335个，其中有200个通过了市级验收，有1700多名医护人员工作在社区第一线。12年来，社区卫生服务站共为居民建立健康档案171083份，设立家庭病床14022张，签定家庭健康合同13043份，为居民提供各种卫生服务354万人次，其中诊治病人158万人次，急诊抢救26780人次，体检17.4万人次，预防保健和其他服务125609人次，各种检查67263人次，护理71.8万人次。

另外，在市场经济、对外开放条件下，受经济利益的驱动，还会出现某些护理人员向工资高、待遇、环境好和有管理前卫思想的地方流动。总之，市场经济和医疗卫生体制的改革，促进了社会的开放、竞争，可使护理人员社会流动速度加快，自由流动、上下流动及跨国、跨行业的流动现象明显增加。

四、世俗偏见对护理人员流动的影响

护理学科随着医学和社会需要的发展而发展，现代护理学已成为与医疗并列的、共同为人类健康服务的应用科学。护理工作在维护与增进人类健康中的作用日益突出。然而，受旧的传统观念和世俗偏见的影响，社会上仍有不少人认为，护理工作只是医疗的助手，仅仅是发药、打针、换床单，属于不需要高等学历的简单劳动。即所谓的"医生的嘴，护士的腿"。甚至还有人把护士看做伺候病人洗脸、喂饭、端便盆的高级保姆，工作低贱、无价值。

这种对护理工作曲解的世俗偏见，来自社会和行业内部。它会极大地伤害护理人员的自尊心，造成他们心理上的不平衡，从而严重地影响护理队伍的凝聚力，动摇护理队伍的稳定，使一些人尤其是年轻护士离开护理岗位转行，出现护理人员脱离社会需要的盲目自由流动的增多。这种情况随着计划经济向市场经济的转轨会更为突出。

第三节 我国护理人员社会流动中的问题及解决措施

一、护理人员社会流动中存在的问题

1. 护理人力资源配置不合理，人员严重缺编。护理人员的配置是护理系统人员管理的重要组成部分，人员配置比例是否恰当、合理，直接影响工作效率、护理质量、服务道德、成本消耗。目前，我国医疗机构的护理人员严重缺编。

按照卫生部（78）1689号文件关于"综合医院组织编制原则试行草案"的要求，医院床位数与护士总数之比为1：0.6；床位数与病房护士之比为1：0.4；护士占卫技人员总数的50%。此标准与国际水平相比是较低的。但是，根据卫生部1995年对全国187所医院护士人力情况的调查发现，其中93.9%的医院在全院编制已满甚至超编的状况下，护士的数量却未达到卫生部1978年的编制要求，甚至存在着医护比例倒置的现象。例如，据北京市的统计资料显示，目前全市护士总数是4.4万人，医师则有9万多人，医护比例为2：1；而在发达国家医护比例至少为1：3~4。

根据香港医管局今年提供的统计资料，目前香港地区医院中，支援人员20497人，占人员总数的41.05%，护理人员19746人，占人员总数的39.54%；医生4222人，占人员总数的8.64%；行政人员851人，占人员总数的1.70%；管理人员150人，占人员总数的0.30%，医护比例接近1：4.7。发达国家在有1000张病床规模的医院，有100多名医生，每名护士至多照管五、六个病人；而在我国同等规模的医院，一般要有500~600名医生，每名护士要照看十多个病人。另据北京市西城区的调查，10家区属医院中，床位与护士之比达到卫生部78年《综合医院编制原则试行草案》要求（1：0.6）的只有4家。这也是导致护理专业毕业生分配难与医院护士人力不足之间矛盾的主要因素。

上述统计数字充分说明，我国护士编制的严重缺编，护理人力资源配置的不合理性，它在很大程度上影响了护理质量的提高和护理人员积极性的调动与发挥。

2. 护理专业领域人员分配、使用的不合理性。护士是经过三年以上的护理专业正规培训的卫生技术人员，特别是1984年我国恢复护理高等教育以来，每年约有300余名本科毕业生走上护理工作岗位，为护理专业的发展带来了希望。但是，在临床护理工作中对护士的分配、使用还不尽合理，这不仅体现在对护士不能做到分层次使用方面，而且也表现为护士在编不在岗和向非临床科室流动等方面。

根据1995年卫生部对187所医院的调查，近年来护士在编不在岗，临床护士承担大量非护理专业工作的现象普遍存在。大约每100名护士中有5人不在护士岗位，有相当于41名护士的工作量是从事微机录入、传递各种单据，为患者划价取药、送取物品等大量非专业技术性工作[①]。自1994年引进整体护理理念，开展以病人为中心的整体护理以来，医院加强了支持系统的作用，护士从事非技术性工作的现象略有好转，但并未从根本上解决。

不仅如此，由于病房受疾病感染的机会多，工作繁重，需要24小时对病人进行观察、治疗和护理，值夜班成为病房护士的必要任务。而护士队伍是以女性为主的群体，结婚、怀孕、生育是不能回避的现实，但受人力不足的限制，护士病假、婚假、生育假和正常休假没

---

① 引自卫办医发1996年第322号文件。

有多余的人力替补，造成上夜班机率频繁，严重影响了她们的正常生物节律，使护士普遍不愿在病房工作，想方设法通过各种途径、关系从临床科室调往非临床科室的现象时有发生。

上述对护理人员分配、使用方面的不合理性，造成了护理人力资源的浪费，极大地限制了护士作用的发挥，也加剧了护理人员不足的矛盾，不仅影响了医疗质量的提高，也难以满足患者对护理工作的需求。

3. 一些护士脱离护理队伍造成护理人才的流失。长期以来，护士工作在临床的第一线，护理工作量大，任务繁重。尤其是随着疾病谱的变化，患慢性病的老年病人居多，需要Ⅱ级以上护理的病人日益增多。根据北京市西城区对区属医院的调查，近两年来仅内外科住院病人需Ⅰ级护理的人数又占住院总人数的60％以上，且2/3以上的住院病人需要输液，治疗的药品也往往品种多、剂量小、极费人力。而护士编制的缺编，人力的不足，人员配置比例及使用的不合理性，进一步加大了护士的劳动强度。当工作劳累过度，体力得不到休整和恢复，会产生厌倦并引发各种疾病如失眠、胃病、便秘、关节炎、感冒等。然而，世俗偏见的影响使护士的社会地位偏低，得不到社会应有的重视和尊重，她们的报酬待遇与其理想报酬之间相距甚远，与它们超负荷的付出形成鲜明的对照。护士因生理、精神的需求得不到满足，心理上的不平衡不断加重。

随着改革开放，经济体制向市场经济的转轨，促进了人们的自由择业、自由流动。在这种大环境下，由于护士生理、心理需求得不到满足，加上经济利益的驱动，不少护士离开护理工作岗位，出国、进公司从商或改做其他非护理专业的工作，由此造成护理人才的大量流失，使护理队伍出现极不稳定的状况。

1994年卫生部颁布了《中华人民共和国护士管理办法》，规范了对护士的执业资格管理和执业考试制度，保证了护士队伍的整体质量，对考核合格的护士在待遇上也有了一定的提高。另外，随着社会的发展，人们对健康的认识和要求的不断增强，特别是开展整体护理产生的积极心理、社会效果，使人们对护理工作的内容及其重要性的理解也在日益加深，从而使护士的社会地位有了一定的提高，护士的心理需求得到一定的满足，护理人员外流的情况有所好转，甚至出现外流人员归队的情况。但其人员流失问题并未完全解决。仅从北京市西城区区属医院1994年至2000年护士调动情况的调查结果中可得到说明。（见表1）其中，一家二级区属医院1994~2000年调出的41人均跨出护理行业。

表1　北京市西城区1994年～2000年护理人员调动情况（人）

年度	1994	1995	1996	1997	1998	1999	2000	合计
调入	11	21	33	12	1	8	13	99
调出	13	59	30	36	13	8	13	172

当前，我国各医疗机构护理人员流失的层面主要是年轻护士。其中，又以高学历的年轻护士居多。究其原因，除了工作劳累、社会偏见、地位较低、报酬较少等因素之外，还与护理管理者不能合理地使用护士，使其人尽其才有着密切的联系。目前我国的护理人员大多为中专，（仅就北京市而言，其大专以上的护士只有1827人。）护士整体素质较低，管理者缺乏科学的管理知识和技能，护理管理还停留在经验管理的水平，不能做到对护士分层次的合理使用，使许多高学历护理人员所学非所用，知识才能得不到应有的发挥，其价值不能得到充分体现。为此而极大地挫伤了他们的积极性，致使其离开护理岗位转行或出国。据一些医

院的调查结果发现，流失的人员大多是毕业工作5年之内的护士。

与此相比，香港地区由于护士编制、使用较为合理，人员生理、心理需求能得到较好的满足，护士流失率逐年降低，护理队伍趋于稳定。（见表2）

香港1996～2000年护理人员流失状况（%）

年度	1996	1997	1998	1999	2000
流失率	8.69	5.99	3.78	3.25	2.47

表1与表2尽管统计方法不同，且带有局部性，不具备完全的可比性，但它从某个侧面仍能反映一定的问题。

4. 护理人员竞争上岗、上下流动的通道还不够通畅。改革开放后，受市场经济大潮的冲击，护理工作岗位的铁饭碗被打破，护士通过工作业绩的考核，竞争上岗、人尽其才，促进了护理人员积极的上下流动。低学历、低素质、低水平的护理人员（包括管理者）被淘汰，高学历、高素质、高水平的年轻护士被选聘到各级护理管理岗位，这在自负盈亏的基层医疗卫生机构尤为突出。然而，几十年计划经济体制的影响根深蒂固，要彻底转变，以适应社会主义市场经济的要求，在观念和制度上都需要有个过程。当前，许多医院虽然对护理管理者（特别是护理部主任）任职资格的年龄、学历有了一定的限制，但对管理者素质能力的考核还缺乏具体的标准和措施，未彻底打破年龄、资历的限制，只要不出现大的工作失误，原有的管理者不到退休或退居二线的年龄，年轻者不能提升的情况仍普遍存在，使竞争的机制没有完全引入和贯彻，护理人员上下流动的通道还不够畅通，积极的社会流动仍受到一定的限制。

二、解决护理人员不合理社会流动的措施

1. 加强对护理人员的职业道德素质教育，帮助他们树立科学的人生观、价值观。

护理工作领域中人员不合理的社会流动，包括改行、跨国、跨专业的流动和专业内部从临床科室到非临床科室的变动等，与护士的职业道德素质有着密切的联系。有些护士受市场经济大潮的冲击，对护理工作的重要意义缺乏认识或认识较低，对工作、专业的选择不从社会需要出发，而仅从个人利益的角度考虑问题。为此，应加强对护士职业道德教育，提高他们对护理职业重要性的认识，帮助他们树立整体观念，自觉抵制金钱至上、拜金思想，正确处理个人利益与社会利益、个人的自我价值与社会价值的关系，鼓励、提倡自我奉献的精神。

2. 建立、健全保护护理人力资源的有关制度、法规，对护士生理、心理需求的满足提供政策上的保证和支持。

（1）进一步调整护理人员的编制，与国际接轨，使之逐渐趋于合理。护理人员缺编、配置不合理，是护理队伍不稳定，引起人员盲目流动的主要原因之一。对此，相关部门应对护士的工作岗位现状，进行科学的调查、分析，制定合理的人员编制和配置比例，从而在根本上解决护士人力不足的问题。

（2）制定加强对护士安全保护的有关规定，维护包括护士在内的妇女的合法权益，保护她们的身心健康。在计划生育政策方面，适当延长职业妇女的产假时间；针对医院临床科室工作繁重、值夜班、风险大的专业特点，在政策上给予必要的倾斜、支持和补偿。目前，护士的待遇比过去有所改善，增加了10％的护龄补贴，但这与其工作的辛苦付出相比，仍存在较大差距，还需进一步加大倾斜力度，以满足护士生理、心理方面的需求。

（3）对在职护士的继续教育，在时间、质量上给予制度上的支持和保证。努力提供有利于护士学习的条件、环境，以满足广大护理人员提高自身学历水平和社会地位的需求。

（4）提高护理服务的收费标准，按照经济价值规律的要求，按劳取酬。护士向社会提供了服务，付出了劳动，承担了风险，理应得到与付出相宜的回报。而目前护理服务的收费项目较少，收费标准也较低，与护士的付出有较大的差距，这也是造成护士收入较低，严重影响护士的积极性，使之离开护理岗位的重要原因。对此，应作成本效益测算分析，根据实际情况调整、提高护理服务的收费标准及护士的劳动价值。

3. 各级护理管理者应不断提高自身素质，增强护理管理的科学性，达到对护士分配、使用、管理的科学、合理性。首先，加强对护士的考核，根据他们的素质、能力、水平，努力做到分层次使用，使之人尽其才；其次，制定对护理人员的培养计划，注重对护理各个岗位人员的岗前培训，帮助护士不断提高素质和管理能力，树立威信、体现自身的价值，使他们具有成就感、满足感；再次，加强与护士的沟通，及时了解护士的生理、心理的问题和需求，有针对性地进行疏导。

4. 加强尊敬、爱护护士的宣传，不断提高护士的社会地位。护理工作是现代社会中不可缺少的职业，也是医疗卫生事业中增进、维护人类健康不可或缺的专业。生老病死是生命有机体运动的客观规律，随着护理学的发展和人类对健康要求的提高与增强，护理学的研究范围不断扩展，护理服务的领域、对象、内容也日益广泛深入，护理工作伴随着人们从健康到疾病，从生到死的全过程，它在整个社会发展中的作用越来越突出。但是，长期的社会偏见、传统观念的影响，以及人们对护理工作意义、内容缺乏了解造成的曲解，使护士的社会地位仍较低，远远不及医生。为此，应加大宣传力度，通过各种大众传播媒介、新闻媒体向社会广泛宣传护理服务的内容、重要性和社会意义，提高护理职业在社会中的地位，以增强护理人员的社会归属感和满足感，这也是稳定护理队伍的重要措施之一。

第六章 护理工作的管理

护理管理是护理管理学研究的基本内容，也是护理工作的重要组成部分，具有社会学的特征，护理管理的水平直接影响着护理服务的质量。因此，要促进护理管理的科学化，使其与卫生工作的社会目标相一致，并与社会发展的客观要求相适应，有必要从社会学的角度对护理管理加以研究和认识。

第一节 护理管理概述

一、护理管理的含义和特点

1. 护理管理的基本含义

管理是人所特有的社会行为，其一般含义是指管辖治理，它是社会活动各要素的组织结合方式，是人类组织生产进行协作劳动的产物。人是社会的人，所从事的劳动不是孤立的，而是由许多人结成一定的群体共同进行的社会活动。为此，它需要用管理来协调人们的行动。管理本身体现了人类区别于动物的自觉能动性。对社会生活各个领域、各个方面的管理活动，形成了各种具体的管理内容和形式。如企业管理、军事管理、教育管理、医疗卫生管理等等。

所谓护理管理是把护理工作各要素、环节统一结合起来的方式。世界卫生组织（WHO）为其所下的定义是："护理管理是发挥护士的潜在能力和有关人员及辅助人员的作用，或者运用设备和环境、社会活动等，在提高人类健康这一过程中有系统地发挥这些作用"。护理管理的基本要素包括：管理者、管理对象、管理手段和方法、管理目的等四个方面。

管理者（包括各级护理管理的领导和护士）是管理的主体，也是护理管理工作中具有能动性的因素。护理管理职能的发挥，各项管理制度的制定和贯彻实施，以及整个护理管理质量、水平的提高，护理管理者（尤其是各级领导）都起着关键性的作用。因此，在护理管理中，首先应注意调动和发挥管理者的积极性和创造性。

管理对象是指作为管理客体的护理工作系统所具有的内容。包括：组织管理、人员管理、业务管理、质量管理、病房管理、门诊管理、急诊管理、经济管理、物质管理、教学管理、信息管理及科研管理等。

管理手段和方法是管理者在护理管理活动中所借助的媒介。它包括护理管理的组织、体制、制度、法规以及思维模式或程序，如管理学的理论方法、哲学的系统论方法、护理程序等等。

管理目的是通过管理者对护理工作过程的干预和作用，使管理对象各要素达到科学、合理的优化结合，使其作用得到充分的发挥，最大限度地提高护理工作的质量。

护理管理的作用是通过管理的职能实现的。护理管理的基本职能是对护理过程进行计划、决策、组织、协调和控制，这些职能基本概括了护理管理的过程、行为和内容。

2. 护理管理的特点

第一，护理管理具有管理和服务的双重性。护理管理的对象不仅仅是护士，也包括服务对象的病人和健康人。而对后者的管理主要围绕着对他们实施的医疗、护理、保健服务进行的。或者说，对护理对象管理的目的是为了达到为他们提供优质的服务，满足他们生理、心理、社会各方面的需求。

第二，护理管理对护士素质培养要求的特殊性。由于护理工作服务的对象是人，护理的质量和水平直接影响到人的生命和健康。所以，护士与其它职业相比，其职业素质的要求要高得多，它需要有高尚的护理道德、精湛的护理技术和技能以及与人交往的艺术等等。护理管理要提高护理质量，必须将护士素质的培养作为护理管理的重要内容。

第三，护理管理具有综合性。唯物辩证法认为，世界上的事物都处在联系之中，作为对客观事物认识的各门科学发展至今，已呈现出高度分化又高度综合的趋势。因此，护理管理也必然具有多方面的综合性。在方法上，除了以管理学为基础外，还需应用经济学、社会学、心理学、行为科学、运筹学、系统工程学、计算机技术等多种学科的研究成果；实践中，要综合考虑护理工作内部与外部如院内、院外环境，组织机构、目标、宗旨，以及任务、技术因素、人员状况等多方面的因素。

第四，护理管理具有实践的可行性。护理管理是具体的实践活动，管理者运用一定的管理知识和理论，对护理过程进行干预、控制，最终会产生具体的效果，并通过一定的具体可行性标准的测量，将护理质量和水平以及与此相联的社会、经济效益体现出来。

第五，护理管理具有广泛性。一方面，护理管理涉及的内容范围非常广泛，包括护理领域中的组织、人员、业务、质量、病房、门诊、经济、物质、科研、教育、信息等等。另一方面，参加护理管理的人员具有广泛性，它包括许多个层次，分别具有不同的职责。护理副院长、护理部正、副主任负责全院护理工作目标、任务、管理标准的制定，全院性护理工作的组织和指导以及护理服务质量的控制；科护士长负责组织、贯彻上层管理部门提出的决策、任务，并对本部门的护理人员、护理工作实施指导和管理；基层护士长主要负责管理和指导护士和病人；护士的护理工作本身包含着参与管理病人、病房、物品等职责的管理活动。

二、护理管理的历史沿革

人的健康状况与环境密切相关，而有健康问题必然出现防病、治病的医疗护理活动，并相应产生对这些社会活动的管理。因此，可以说护理活动本身孕育着管理，护理管理的历史与护理事业的发展是同步的，二者互为因果，相辅相成。

1. 古代的护理管理

在古代，医、药、护集于一身，护理未形成独立的职业，护理工作由个体医生兼任，护理管理仅以萌芽的形式孕育在医疗职业的护理活动之中，并主要表现为对病人的一些护理经验和方法。如中国古代民间广为流传的"外感避风寒，发烧避生冷，腹泻避油腻"；"三分吃药，七分调养"等俗语中就蕴涵着护理管理的萌芽。

公元4世纪末，随着基督教介入护理工作，强调用上帝的爱心去呵护病人，使护理工作初具雏形，标志着护理事业的开始。公元400年，菲伊比（Phoebe）首先发起组织女会吏社团，从事对病人的照护，开始有了简单的护理管理。随后又有寡妇会、同贞女会、罗马主妇会等组织的成立，使护理事业包括护理管理逐步走向组织化、社会化。此时期主要的护理管理人物有：菲伊比（Phoebe）、玛斯拉（Marcella）、菲比拉（Fabiola）、波拉（Paula）等。

到封建社会，受社会发展及宗教、军事的影响，护理管理有了新的进展，管理内容不断丰富。中国秦汉时期，随着医事制度的建立，护理管理思想和制度开始形成。如规定军队内设"临时医院"，伤病员集中住宿；对传染病人需进行隔离；对伤病员行动不便者，军医或卫士可在生活上（包括处理大小便、洗头、沐浴等）给予帮助。

在西方的中世纪，护理工作场所分为普通医疗机构和以修道院为中心的教会式医疗机构。教会医院在护理管理方面侧重于病房环境的管理，规定了病人按病情轻重安置于不同的房间，并给予采光、通风等条件的保障。由于战争的原因，伤病者大量增加，又随之设立了军护的管理制度。这时的护理管理除了重视医疗环境外，也开始重视护理技术、人员教育、病人服务效果、行政组织和人员的分工等。此种非宗教性的护理，为护理管理职能的起源，并极大地促进了护理事业的发展。

2. 近代的护理管理

14、15世纪以后，受文艺复兴、工业革命、宗教改革以及医学发展的影响，护理事业逐渐摆脱教会的控制，并从医疗中分化出来走上独立发展的道路。1853年8月12日，在英国慈善委员会的资助下，南丁格尔在伦敦哈雷街一号创办了一所收容病人的看护所，并建立了一系列为病人提供服务的管理制度。在英法与俄国之间爆发的克里米亚战争期间，南丁格尔率领38名护士奔赴前线。为改善医院环境和伤员的营养状况，她拿出3万英镑为医院添置药物和医疗设备，整顿手术室、食堂和化验室，还建立了护士对病人的巡视制度。通过她的努力，很快改变了战地医院的面貌，1700名伤员的战地医院竟收容了3000~4000名伤员。6个月后，伤病员的死亡率从50%左右下降到2.2%。1860年，她在伦敦的圣多玛医院创办了世界上第一所护士学校，培养了大批护理人才。南丁格尔在长期的护理实践中，为医院制定了较为系统、完善的护理管理制度，其具体内容如下：

第一，强调医院设备与环境的改善。包括：重视病房的采光、通风、温湿度及给水；注意照明与地板、墙壁颜色的协调；防止不必要的噪音；强调床上用物与用具的清洁等。

第二，加强护理人员培训，提高工作效率。包括：病人的各种记录及统计必须认真、准确；护理人员除照顾病人的躯体之外，还应重视病人的心理等。

第三，医院的管理应采用系统管理方法，简化程序，节省人力。包括：每层楼应设热水管，减少护理人员为病人打水的时间；增设运送病人的推车，减少搬运病人之人力的雇佣；护士办公室门外安装呼叫铃；病房物品的储存应设库房等。

第四，创立护理行政人员管理制度。包括：医院各行政部门应设护理部，医院的护理工作由护理部主任管理，护理行政人员的学历资格起码是学士学位；护士应由护理行政人员进行管理；护理管理者应了解健康照顾计划中的各种社会、政治及经济的影响因素；护理管理者有权利及义务去拓展护理工作的内涵，其职责主要是规划、组织、协调并评价护理人员的各项护理活动；病房应设置护士长岗位，负责本病房的护理人员的管理，以确保病人治疗和生活上的需求；医院应设置护理人员的宿舍，护士应住在宿舍，使其生活安定、工作方便，并在生病时能给予及时照顾等。

第五，要求对病人的照顾一视同人，不分信仰及贫富。

不仅如此，随着护理职业的分化、独立，护理教育的兴起，护理教育管理及相应的护士培训制度开始形成并日臻完善。如19世纪中叶以来西方教会在我国创办的"协和医学院高等护士学校"把"勤、慎、警、护"四个字作为护训，并以金字蓝底刻在校徽上。在护理人才的培养教育方面，制定了严格的"过失表"与"惩戒表"：

过失表	惩戒表
1. 不服从命令违反规则；	1. 不准戴工作帽；
2. 热水袋与抗毒溶液烫伤；	2. 工作降级；
3. 给错药物；	3. 取消半日休息或晚假权；
4. 未奉命令而给药；	4. 延缓毕业之期；
5. 施行静脉注射；（当时规定护士不能操作）	5. 延期发给毕业证书；
6. 不敬长上言语俚俗；	6. 黜退；
7. 疏忽职务。	7. 转学他校。

正是由于护理管理的发展，一系列管理制度的建立和不断完善，使之在维护、增进人类健康方面发挥了巨大的作用，推动了护理工作质量和水平的不断提高。

三、护理管理的发展趋势

随着社会的进步，人民生活水平的提高和市场经济条件下医疗卫生改革的冲击，以及护理学尤其是护理管理学的发展，和护理服务中一系列法规制度的建立、健全、完善，护理服务将面临新的挑战，护理管理将进一步向科学、规范、法规化的方向发展。

首先，护理管理应将护理质量作为管理的核心内容，不断健全、完善量化的指标管理体系。随着人们健康要求的不断提高和扩展，未来社会的护理工作不仅仅是工作量的增加，服务范围的扩大和服务项目的增多，而且更重要地体现在护理质量（包括服务技术和服务态度）的保证和提高方面。护理管理要有效地保证、提高护理工作的质量，应建立并不断完善相应的、具体的质量管理指标体系，以确保护理质量管理的科学、规范和法规化。

其次，对护理人力的开发、利用、管理和培养将逐步趋于合理和优化。护理质量与护理人力资源的开发、利用管理和培养有着密切的联系。尤其是随着医疗卫生事业改革的深入进行，医院及社区医疗卫生保健工作定位的不断完善，护理人力也需要进行重新调整。有些护士需要从医院调往社区，从医院对病人的医疗护理转向社区的预防保健等方面的社区护理。

如何充分发挥护理人员的潜能，使每位护士获得成就和满足感，达到人尽其才，并结合护理实践和社会需要不断培养、提高护理人员的素质水平，将是护理管理者重要的职责和未来护理管理的重点。

再次，护理管理将向现代化、电脑化、自动化方向发展。随着医疗科技的不断发展，使疾病的诊断、治疗技术发生了很大的变化。而护理工作如何面对不断发展变化的形势，适应科技与改革的需要，是摆在护理管理者面前的重要课题。目前各大医院的医嘱、病人的各项检查、治疗已基本实现了电脑的自动化处理，大大节省了护理人力资源，提高了护理工作的质量。在今后的医疗护理工作中，这种自动化还将不断扩展和深化。

第二节 我国护理管理的现状及存在的问题

一、目前我国护理管理的状况

1. 护理行政管理现状

我国护理行政管理组织机构设置及职权范围是：卫生部医政司下设护理处，对全国的护理工作进行宏观控制。具体包括对护理政策与法规的制定，护士执业考试、护理教育计划的设定，护理改革、护理学会工作的指导等。

卫生部1982年公布的《医院工作人员职责》中明确规定："护理部主任对各科护士长直线领导体制，建立相对独立的护理工作领导指挥系统"。护理部在医院属职能部门，并与医务处、科研处、教务处、总务处等相互配合，共同协调医院的管理，保证医疗工作的顺利进行，为病人提供高质量的医疗服务。三级医院的护理部主任在医疗院长直接领导下，通过科护士长、护士长三级管理体制对全院护理人员的职业道德、护理质量、护士培训、护理科研等进行管理与协调。二级以下医院的总护士长负责全院护理行政及护理业务的管理工作。

护理部主任应具有较高的护理业务技术水平和较强的组织管理能力。副主任应协助主任完成全院护理制度的贯彻、护理质量控制、在职护士培训和护理科研等工作的开展。

2. 护理业务管理现状

我国目前关于护理的业务管理主要包括两个方面：

第一，建立、形成了一整套完善、系统的疾病护理技术的操作规程和制度。如："各级人员职责"、"毒麻药品管理"、"医嘱处理"、"医嘱查对""交接班"、"重危病人抢救""急救物品管理"、"差错、事故管理"、"消毒隔离"、"护理文件书写"、"病人出入院管理"、"疾病护理常规"等。上述护理技术操作规程和制度，是在生物医学模式下形成的，也是长期护理工作实践经验的结晶。

第二，以病人为中心，运用护理程序解决病人生理、心理方面存在或潜在的护理问题的护理管理规程。它从病人入院开始实施，即为病人建立"护理病历"。具体包括："病人基本情况评估"、"健康指导计划"、"护理问题记录"、"出院指导"等。这种管理体现了护士的自身价值，激发了护士工作的积极性和创造性。另外，针对"护理病历"的实施，护理管理者还总结出了一套行之有效的"护理病历书写质量"与"临床护理质量"的评价方法。关于整体护理的管理规程，是1990年美籍华裔护理学家袁剑云博士来华讲学、提出整体护理模式之后，逐渐建立和形成的。

二、当前护理管理存在的问题

解放以来，我国的护理管理在长期的医疗护理实践中发挥了重要的作用，积累了丰富的经验，但受护理从属医疗管理模式的影响和限制，还存在着一定的问题，有待于进一步改进和完善。

1. 护理教育结构层次偏低、专业单一，护理管理专业教育处于空白。我国早在1934年就设立了"护士学士学位教育"，但建国后受护理从属医疗管理模式的冲击，1953年护理高等教育停办，直到1984年才又重新恢复，但至今未设护理管理专业。而十多年来培养的护理本科生和研究生，由于护理工作整体水平较低、工作繁重，使其知识能力不能充分发挥，加上市场经济的冲击，有相当一部分人下海经商或出国深造，又带来了高学历护士的严重流失。上述两方面原因导致我国护理管理者多数仍为中专或大专学历，高级护理人员尤其是管理人才十分匮乏。

2. 护理管理者普遍缺乏系统论观点和科学的管理知识，使护理管理水平提高缓慢，至今未突破经验管理的范畴。突出表现在：

第一，在对护理人员的行政管理方面，不少管理者未能努力研究护士在护理工作中出现问题的原因，对影响护士的生理、心理、社会因素缺乏具体的分析，而是仅仅把各种管理制度和规定照抄照搬,将单纯的、命令式的管理视为严格管理的同义词,对护士工作中的差错只是一味地处罚,这样很难有效地调动护理人员工作的积极主动性。

第二,在临床护理管理方面,对护士的使用还缺乏科学、合理性,有碍于护士积极性与创造性的发挥。有相当一部分护理管理者因自身人文素质水平较低,在管理上不能积极、主动地寻求科学有效的管理方法,以适应新的医学护理模式的要求。管理行为往往侧重于执行照顾者角色的引导,使自己的下属整日忙碌于大量的护理技术、甚至是非技术性的工作,而常常忽视护士作为教育者、管理者和研究者等角色的发挥,即使是对具有学士学位的护士也未能全部做到分层次使用。这种管理方法也是造成护理人才流失的重要原因之一。

第三,在处理临床护理管理与教育管理的关系方面,护理管理者还没有达到二者的有机统一,侧重于对护士的使用,而对其素质的培养、提高则重视不够。随着医学、护理模式的转变,对护理人员的知识结构提出了更高的要求,加上医疗改革将护理工作引入竞争机制,工作质量直接与效益挂钩。面对这种情况,护士要适应工作需要,提高自身的社会地位,就要积极、主动地采取各种途径接受继续教育,促进自身素质及专业理论水平的提高。但据了解,不少医院的领导对护士的培养并未给予切实的支持,有的领导虽表态支持,但未拿出具体计划与资金。护理部制定出培养计划后,又因护士短缺及资金不到位而难以实施。诸种因素使临床护理管理与教育管理未能达到有机的统一,造成很多护士因工作繁忙不能调班,而晚来早走,甚至缺课,严重影响了护士继续教育工作的开展和质量的提高。

3. 缺乏全院强有力的护理工作支持系统。受护理从属医疗管理模式的影响,我国医院的管理者一般为医学专家,他们不脱离科室及本人的专业(常规参加科室的查房、手术、专家门诊等),绝大部分领导还在科室兼任行政职务。行政、业务工作的繁多及专业的限制,使他们对护理工作无暇过问,对护理工作的特点和问题不甚了解,也不能给予足够的重视,存在着明显的重医疗、轻护理的倾向,不能形成全院强有力的护理工作支持系统。

4. 护理人员的编制、使用存在着缺编和不合理性,即人员编制向医疗倾斜,对护理人员的定编少而不足。医院床位与护士编制一直执行的是1∶0.3~0.4的比例。此编制使护理管理者很难做到对护士的分层次使用。特别是开展整体护理之后,护士工作范围大大拓宽,加之市场经济条件下,医院及各科室实行承包、独立核算,有的医院为了经济效益、减少支出,不从护理工作的科学性和病人需求出发,不仅对护士的缺编不予补充,甚至进一步减员,而护士则又是首当其冲。同时,医院的医嘱、收费等实行微机录入管理后,为了节省开支,不聘用专职录入人员而由护士代替。这必然使原本编制不足的护理队伍进一步缺编,使护士只能应付大量的治疗工作,而无暇对病人进行全身心的照护,严重影响了护理工作的质量和整体护理的贯彻、实施。如某医院神经内科有40张病床,每个病人都需进行输液治疗,并且要输两种以上的药物。而护士只有13名,去掉上下夜班、倒休、正常休假及病、产假的人员,每天上班的护士最多只有7~8名(按床位与护士1∶0.4的比例,40张床应配备16名护士)。很显然,面对病人的基础护理、重病护理、小治疗、药疗以及心理、社会护理等大量的工作,护士是心有余而力不足,其结果不但使整体护理流于形式,而且由于护士超负荷的运转,加重了他们的生理、心理负担,也使护理工作陷于恶性循环之中。

5. 独立、科学、系统的护理管理体制尚未确立和形成。在临床护理管理方面存在着以科室为单位,指标任务分解的条块分割、各自为政的情况,各科室的工作由主管医疗的科主任负责,使护理部作为负责全院护理管理的职能被削弱,或处于有职无权的状态(有些医院为节省开支甚至取消了护理部)。与此同时,大多数医院缺少主管护理工作的副院长。因此,整个医院的护理工作不能形成从护理副院长、护理部主任到科护士长、护士长自上而下、独立、系统化的管理体制，影响了对护理质量的控制和人员管理作用的发挥。

6.护理管理缺乏变革理论，不能依据内、外环境的变化，及时调整护理观念和行为，不断完善组织机构和功能，对护理管理中的现存或潜在问题及未来发展趋势，如护理人力资源的配备、护士的分层次使用等问题，缺乏科学的、紧扣护理属性的调研和可行性报告。另外，受人力、物力等条件的限制，整体护理思想与观念未能较好地融入门诊、急诊及手术室的护理工作中，故而对病人的健康教育工作也未能贯穿于病人治疗的全过程。

第三节 护理管理的改革

一、护理管理改革的意义

1. 有利于护理质量的提高

护理质量是指，护理工作为病人提供护理技术和生活服务效果的程度，它是护理工作"本性"的体现，而护理管理又是护理质量的保障。回顾建国以来的护理工作，当护理管理体制受到冲击时，护理质量就会下降；当体制健全和发展时，护理质量即能得到较好的体现和提高。1986年，国家卫生部提出加强护理管理体制。1988年又颁发了《关于加强护理工作领导、理顺管理体制的意见》。全国各大医院相继实行了医疗院长领导下的护理部主任负责护理工作的管理体制（护理部主任——科护士长——护士长的三级管理或总护士长——护士长的二级管理体制）。1989年卫生部又颁发了《综合医院分级管理标准》。从此，医院的护理质量实现了由质到量的标准化管理。

20世纪90年代以来，护理管理者以"生物——心理——社会"医学模式和医疗体制改革的思路去管理护理工作，真正做到了"让社会满意、病人满意、护士自己也满意"的目的。护士卓有成效的工作，使病人达到了接受检查、治疗、手术和自我康复的最佳状态；使护理诊断能根据监测的病情变化和心理状态的波动做到及时、全面、准确；使护理计划得到正确的实施并形成较为完整的护理文件；使护理在诊断、治疗、手术、生活服务、环境管理及预防交叉感染等方面都得到了较好的协调。

护理管理的改革促进了护士服务观念的转变和护理质量的提高，而高质量的护理工作得到病人的认可，也为医院赢得了病人，赢得了医疗市场。随着计算机技术在医疗领域的应用，护理工作又引入信息化管理，使护理水平进一步提高。因此，要不断提高护理工作质量和水平，就应根据社会发展的需要对护理管理中的问题不断地进行调整和改革。

2. 有利于加快医疗卫生体制的改革

护理管理是医院管理的重要组成部分，也是医疗卫生体制改革的重要内容之一。当前医疗卫生体制改革的指导思想和目的是以病人为中心，为病人提供优质的服务，满足社会人群不断发展的卫生保健需求。护理人员是医疗卫生战线的主力军，他们与服务对象（包括病人和健康人）接触最密切，不仅要对病人实施治疗和身心的整体护理，而且还负担着对社区健康人群的预防保健等工作。因此，护理管理者适应社会需要，转变护理观念，为病人创造方便、舒适的治疗、修养环境提供管理制度上的保障，就成为实现医疗卫生体制改革的重要步骤和手段，对我国医疗卫生体制改革的贯彻、实施以及改革目标的实现，具有重要的意义。

3. 有利于护理人员的使用、培养和提高

护理管理是将护理过程中的人力、物力、财力等要素结合起来的方式。我国目前护理人员使用、培养方面存在的各种不合理现象和问题，反映出护理管理与科学、优化的管理水平还有一定的距离。要根本改变上述状况，必须对现有的护理管理制度如护理人员编制、使用、培养等方面，做相应的改革。当前，医疗卫生体制改革关于人事制度改革的政策，如深化职称改革，实行评聘分开，强化聘任的原则，对专业技术人员实行专业技术职务聘任制；对聘用人员进行全面考核，并把考核结果作为续聘、晋级、分配、奖惩和解聘的主要依据；对新进人员实行公开招聘制度，应聘的卫生技术岗位人员必须具备相应的专业学历或规定的资格条件；对新进人员实行人事代理制等等。上述人事制度的改革由于引入竞争机制，不仅增强了用人单位的自主权，也增加了应聘者的压力和就业机会，有利于人才的使用、培养和提高。

二、护理管理改革的基本原则

1. 与社会主义市场经济相适应

社会主义改革使我国由计划经济转变为市场经济体制。适应这种转变的需要，我国社会保障制度也进入了一个崭新的阶段。国务院决定在建立城镇职工基本医疗保险制度的同时，进行城镇医药卫生体制改革。改革的目标是，建立适应社会主义市场经济要求的城镇医药卫生体制，促进卫生机构和医药行业的健康发展，让群众享有价格合理、质量优良的医疗服务，提高人民的健康水平。随着医疗改革的不断深入，医院将面对市场，医院的生存与发展将面临严峻的考验，而作为医院基础的护理工作，对医院尤为重要。护理管理改革应适应社会主义市场经济的特点，以"关怀、服务"为宗旨。对外，坚持以病人为中心"病人至上、质量第一"的原则，转变服务观念，增强主动服务意识，改善服务态度，建立"零投诉"的管理，力争把护理工作的缺陷控制在最小限度，提高护理服务的市场占有率。对内，应本着竞争上岗、量才而用、人尽其才的原则，形成护理工作相互监督、相互制约、相互促进的良性循环。

2. 与人们日益增长的健康需求相适应

随着社会文明的进步，人们的文化修养、素质和精神、物质生活水平大幅度提高，人们对健康的理解和需求都发生了很大的变化，并给以极大的关注。他们已不满足于单纯的不生疾病，而更希望主动地预防疾病，提高生活质量，保持身体健康，并具有较强的社会适应性、承受力和应激能力。老年人希望精神愉快，益寿延年；中年人希望精力充沛，延缓衰老；青年人希望体态健美，充满活力。

为满足人们对健康需求不断增加的趋势，1981年世界卫生组织提出了"2000年人人享有卫生保健"的目标；国际护士界认为：现代护理是一个旨在向个人、家庭、人群和社会提供卫生保健支持，以增进健康、预防疾病和提高生命质量为主要目的的专业；国际护士会提出了"护士是一支社会力量"，这一切都反映了护理工作的社会功能和社会责任。因此，护理管理的改革应本着适应人们日益增长的健康需求的原则，旨在最大限度最大提高人类的健康水平。

3. 与新的医学护理模式相适应

回顾世界护理发展的历史，自17世纪以来，人类的医学由自然哲学医学模式转变为研究人的解剖生理、病理、生化的"生物医学模式"，是一个很大的进步。但随着人们对人类学、社会学和心理学研究的深入，逐渐发现了"生物医学"模式的消极作用。据美国卫生部统计，目前在人类致病因素中生活方式和行为（烟、酒、食物链改变、化学药物、抗生素滥用、缺乏体力劳动、情绪紧张等）因素占48.9%；环境因素（生态环境、工业中毒、三废污染、农药、辐射、噪声等）占17.6%；保健服务制度因素占10.3%。鉴于以上情况，"生物、心理、社会"医学及整体护理模式逐渐形成，对服务对象实施身心的整体护理已成为护理发展的趋势。因此，要对护理管理进行改革，必须以新的医学护理模式为指导，适应整体护理发展的需要。

三、护理管理改革的具体措施

针对目前护理管理存在的问题，护理管理改革最根本的在于，提高各层次护理管理者的自身素质，将科学化、现代化的管理理论与技能引入护理管理工作。具体措施如下：

1. 在护理专业技术与管理技能方面，护理管理者应跟上现代科学技术发展的步伐，主动学习哲学、社会学、教育学、伦理学、人际关系学、管理学等社会人文科学与护理边缘学科的知识，掌握系统化、科学化的管理方法和技能，并灵活地运用到实际管理中，不断提高自身的管理能力，主动克服盲目、机械、单凭经验的管理思想和方法。同时，院级领导应树立整体观念，充分认识护理工作的重要性并给以足够的重视，真正把医疗和护理当作卫生工作中并列互补、不可分割的组成部分通盘考虑。

2. 在护理管理决策上应坚持"以人为本"，努力把握护理人员的思想脉搏，最大限度地发挥他们的积极主动性。应该看到，护士与病人一样，都是生物、心理、社会因素的综合体，三因素的状况、变化对护士角色作用的发挥具有重要影响，护士在护理工作中出现问题、差错，也必然与上述因素有着密切的联系。因此，在进行严格管理的同时，还应具体问题具体分析，避免千篇一律的"一刀切"。例如，同是与病人发生矛盾、争吵，可能是护士伦理道德方面的原因，对病人缺乏同情心引起；也有的是社会偏见，由病人对护士的无理引发；也可能是护士家庭关系问题造成的情绪低落所致；还有的是来自护士生理方面的原因，如生物节律处于低潮期、工作疲劳等造成的心情烦躁引起。又如，对一些护士打针、发药只叫病人床号，不称呼姓名的现象，也绝不单纯是缺乏护理道德，而是因人文素质的匮乏所致，等等。

为此，对护理人员的行政管理一定要"对症下药"，"一把钥匙开一把锁"。对于思想道德原因引发的问题，必要的经济处罚、行政手段固然重要，但晓之以理、动之以情的思想教育更为重要。至于由护理人员业务素质导致的问题，应靠加强业务素质教育予以解决。单纯的命令式管理和一味的惩罚措施，只能增加护理人员的抵触情绪，影响护理工作的质量。

3. 增强临床护理工作管理的整体性、连续性，提高对护理人员使用的合理性。在临床护理管理中，应以系统论观点为指导，立足全局，统筹兼顾，把护理质量作为护理管理的核心内容，不断健全、完善责、权、利结合的标准、规范、科学的管理指标体系。要实现这一目标，高层的管理人员尤其是院级领导是关键。为此，医院领导不仅要考虑经济效益，更应考虑社会的整体效益，注重和发挥护理工作的作用。在编制上不仅不应取消护理部，而且还应设立主管护理工作的副院长，以实现从护理副院长、护理部主任到总护士长、基层护士长的垂直领导体系，体现整体、连续的管理特点。

同时，在护士编制不足的情况下，医院不仅不应对护士继续减员，而且，还应进一步加强对护士人力资源使用合理性的研究，努力做到人尽其才。卫生部要求医院建立护工制度，把照顾病人生活的非技术性工作分化转移出去，以减轻护士的压力，使她们能够集中精力对病人实施生理-心理-社会的整体护理。北京大学第一医院张惠霞关于《综合医院护理工作量调查及合理编制探讨》一文中，通过培训、聘用护工，协助护士完成对病人生活护理的途径，在一定程度上缓解了护士编制不足的状况。文章指出，由于护工的介入，30张病床的消化内科每日可节省护士工作时间如下：一级护理约3分钟，二级护理约56分钟，三级护理约126分钟，间接护理约45分钟。这样，相当于增加了3.63名护士的编制。目前部分医院已实施了对护工的聘用，但也存在一些问题。如护工人员流动性大，文化水平较低，服务质量难以得到充分保证。而且有些医院护理管理不到位，不仅让护工从事非技术性工作，甚至把一些护理技术性工作也交给他们，这些问题还需进一步研究解决。

此外，在美国、香港等国家和地区的医院各病区，还通过设置护理文书（或秘书）岗来解决护理人力资源的合理使用问题。护理文书（或秘书）聘用非医学护理专业的人员担任，主要从事有关病人及家属的接待、咨询，材料、物资的管理，文件的打印、收发以及科室内外的联系协调等工作。这不仅可以节省一定的护理人力资源，也有利于加强护理工作的联系和整体性。目前国内有些医院已开始试行，收到了较好的效果。

4. 改变护理教育结构，提高教育层次，加大对护理人才的培养力度，从根本上扭转护理从属医疗的状况。当今世界，科学技术和对人才的培养教育水平是影响社会发展的关键因素。要适应社会发展和新的生物、心理、社会医学与整体护理的需要，保证、提高护理工作质量，就要不断加强护理教育工作，培养大批与现代护理学发展相适应的护理人才。为此，护理教育有必要增设护理管理专业并增加社会人文科学方面的教学内容。同时，还应不断提高护理教育的层次，加大对护理人才的培养力度，使之与医疗各专业的教育层次相适应。另外，护理管理者应有综合、长远的目标和规划，将护理教育纳入整个护理管理体系之中，努力协调临床护理工作与护理教育的关系，在保证护理工作正常、有序进行的同时，有计划、有步骤地安排对医院、社区在职护士的继续教育，并切实给予时间、质量上的保证。总之，通过上述护理教育管理的调整和改革，逐步扭转护理从属医疗的状况。

第七章 医疗护理中的社会学方法

人是生物、心理、社会因素的综合体,而人的本质在于社会性。因此,社会因素对生物、心理因素起重要的作用。这种作用随着社会的发展逐渐增强,以致在当今科学技术、工业化高度发展,高效率、快节奏的现代社会中,社会因素已成为影响人们生理、心理占主导地位的因素。为此,要贯彻整体护理模式,必须掌握社会学的分析方法,找出导致躯体、心理疾病的社会因素,并掌握诸因素之间的相互关系,才能深化对疾病本质的认识,丰富治疗、护理疾病的手段,提高医护质量,促进医学护理学的发展。

第一节 医疗护理中社会学方法产生的历史必然性

一、医学与护理学发展的客观要求和必然趋势

社会学分析方法应用于医疗、护理领域,反映了医学与护理学发展的客观要求和必然趋势。

1. 近代生物医学和传统的功能制护理模式暴露出的局限性,促使人们对健康和疾病问题给予社会学的思考,为社会学分析方法进入医疗护理领域提出了客观需要。

开始于16世纪下半叶的生物医学,几百年来仅仅着眼于人的生物学特征,把人作为单纯生物体进行考察、分析。在病因的解释上,认为疾病是由病原微生物侵入人体的结果。因此,每种疾病都可以找到相应的病原体。在疾病诊断上,脱离人的情感和社会性,采用单纯生物学变化的诊断方法,把人体生理、生化指标作为诊断的唯一依据。在疾病治疗手段上,将病原体的消灭,病灶的清除,伤口的愈合,作为疾病痊愈的唯一标志。与此相应的近代护理模式是协助医生消除病人躯体内的病原体,使其恢复正常的生理功能,即对病人实施局部的、生物学方面的功能制护理。

随着医学和护理学的发展,对人的生命过程以及与此相关的健康和疾病、生长与死亡的研究日趋深入,逐步暴露了生物医学与功能制护理模式在整体上的缺陷。现代医学研究证明,许多疾病如高血压、冠心病等,在人身体内部找不到相应的病原体。相反,体内存在病原体,也不一定会产生疾病。如病因明确的结核病,其病原体是结核杆菌,但它需要与个体的易感性和抵抗力等因素相结合,在营养状况不良,居住条件、工作环境恶劣的情况下,才会发生。另外,躯体健康的人在一定条件下,也会出现生理生化指标的异常,如由于心理紧张、情绪激动,可使人出现一时性血压升高;而某些病人如一般精神病患者的生理生化指标往往是正常的。如果仅以生物学指标作为诊断疾病的依据,常常会陷入片面性,造成误诊、漏诊或疾病诊断的扩大化。至于在医疗护理工作中如同修理机器的做法,只见疾病,不见人,完全忽视社会、心理因素在疾病转归中的作用,不仅削弱、抵消了躯体治疗、护理的作用,而且有些治疗手段还给病人造成了医源性躯体、心理的损伤和痛苦,甚至引起死亡。

综上所述,生物医学和功能制护理模式在病因解释、诊断、治疗和护理等方面暴露出的局限性,为社会学方法进入医疗、护理领域提出了客观的需要。

2. 现代医学整体综合研究的成果，尤其是稳态学说、应激学说等，为社会学分析方法进入医疗护理实践领域提供了现实的可能。

早在1818年，希罗斯（J. C. Heinroth）就开始关注心理因素对机体的影响。他对忽视心理因素作用的狭义的身体主义进行了批评，首先提出了心身（Psychosomatic）的概念。蒂尔茨克（F. Deutsch）在此基础上开始了现代心身医学的研究，并于1922年编著出版了《医用精神分析学》和《精神分析与脏器疾病》两本论著。1939年，他又进一步证明了成年人的心身症与婴幼儿时期的心理损伤有关。1935年，蒂恩伯（H. F. Dunber）证实了心身的相互作用，观察并记述了神经性的功能障碍，最终会引起躯体器质性疾病的病历。霍恩尼（K. Horney）在研究中进一步指出，社会文化是影响心身疾病的重要因素。

有关社会心理因素对人机体影响的最主要研究成果，是美国生理学家坎农（W·B. Cannon，1927～1945）提出的生物稳态学说和加拿大医生塞里（H. Selye）1936年提出的应激学说。坎农指出，人体的植物神经通过调节机体内部的血液、淋巴等因素的物理、化学性状，可以适应外部社会环境的变化，维持机体的动态平衡。而人的情绪对机体的内部环境有明显的影响，植物神经所控制的各种生理现象如血液循环、腺体分泌、呼吸代谢、肌肉活动等生物功能都受情绪等心理变化所左右。长期的社会、心理紧张刺激会导致生物功能的紊乱，机体内部环境的失调，超出一定的限度，就可能引发器质性的病理改变。

塞里的应激学说认为，超常的社会、心理刺激作用于机体后，在机体内部会引起不均衡的状态，称之为应激态，久而久之就会使机体出现病理改变。引起应激态的刺激为应激原，其应激原的范围很广，包括机体内部和外部两方面，涉及生物、心理、社会三个因素。例如，物理刺激（电、温度、湿度、噪声、照明、振动、辐射等）、化学刺激（毒气、药物中毒等）、社会心理刺激（个人和家庭的不幸、事业上的挫败、职位的升降、经济困难、语言伤害、精神负担等）以及激素分泌失调、遗传因素、个性特征等。

上述研究成果，都强调了生物、心理和社会三个因素均可能成为机体的有害刺激，使机体陷入病态和死亡。1977年美国医学家恩格尔在此基础上，正式提出了"生物——心理——社会医学模式"。与之相应的护理模式，也由身心的整体护理逐渐代替了传统的功能制护理。从而，以综合分析为特征的社会学方法正式进入医疗、护理领域。

二、人类社会发展的客观要求和必然结果

医疗、护理实践中社会学方法的应用，也是人类社会发展的客观要求和解决现代社会重大课题的必然结果。

人类改造自然的活动，不仅提供了生活的物质资料，而且也影响改变着人类的生存环境。社会越发展，越趋于现代化，人类生活环境的构成和变化规律与纯自然的环境相距也越远。"人化"的自然与自然的"人化"使得人类越来越生活在一个自己所创造的环境之中（工业化、都市化、居住和交通现代化）。尤其在人口密集的大城市和工业区，更是如此。这种状况虽然为诊治疾病创造了一定的有利条件，但同时对人类健康也带来了严重的危害。

1. 工业生产造成的环境污染成为直接严重威胁人类健康的社会公害，使社会因素在疾病、健康中的作用越来越突出。例如，据上海市人类精子库的一份最新统计显示，1000余名捐献精子的志愿者经过筛查后，仅五分之一的人达到生物标准，证实男性的少精症、无精症呈上升趋势，而其罪魁祸首就是自然环境的化学污染。各种塑料制品、洗涤剂、农药、化

肥以及氟里昂生产过程中释放的气体中含有的氯化物,是造成男士性功能衰退的直接原因[1]。这说明人类对自然的征服,受到了自然在同等程度上的报复。如何消除这些社会公害,显然不是仅靠生物医学就能解决的,它涉及到种种复杂的社会因素。

2. 随着社会的发展,生活水平的提高,生活方式的多样化,人类疾病谱也出现了很大变化。"贫困病"的比重逐渐下降,由种种社会因素促成的所谓"现代病"(公害病、文明病、富裕病)明显增多,对于这些疾病的有效防治,需要把医学与政治、经济、哲学、法律、伦理、管理等社会科学结合起来,从更大范围、更高层次上去研究,并采取社会的综合治理才能解决,社会防治成为现代社会保障人类健康最有效的手段。正是在这个意义上,美国卫生学家和医史学家西格里斯强调指出,"医学与其说是自然科学,勿宁说是社会科学"。这一说法虽有一定的片面性,但揭示了社会科学对医学的强大影响。

3. 在追求高速度、高效率,充满着激烈竞争的现代化社会中,造成人们心理紧张、焦虑的社会因素越来越多,由此引发的心因性疾病也日益增多。著名医学家杜博斯在他与派因斯合著的《健康与疾病》一书中指出:"现代人已经不那么需要防御食肉动物和蛇,也不那么需要对抗严寒天气、食物缺乏的窘境及其他有伤身体的危险,但他们必须应付的是时刻表、交通、噪声、拥挤、竞争以及其它人为的紧张环境。"综合的社会紧张因素会引起人们心理上的矛盾和冲突,产生焦虑、忧郁、愤怒、敌对、怨恨、争斗、绝望等负性情绪,出现心理功能的紊乱并最终造成机体器官机能的崩溃,引发严重的疾患。据美国某医院门诊部对病人的随机调查结果表明,65%的病人其疾病与各种社会因素的紧张刺激有关。据有关统计资料显示,我国心理疾患的发病率急剧上升。其中,自杀者日益增多,1993年全国自杀死亡率为22.2/10万人。据南京脑科医院翟书涛教授所做的调研表明:全国自杀总人数占意外死亡的首位,农村自杀率高于城市,妇女自杀率高于男性,青年人或老年人自杀率呈两高峰的现象。目前世界上20%的自杀发生在中国,且中国又是世界上唯一妇女自杀率超过男人自杀率的国家[2]。为此,对心因性疾病的防治,需要与有关社会因素联系起来考虑。

总之,无论是医学、护理学的发展,还是社会的发展,都为社会学方法的产生和在医疗护理领域中的应用提供了客观需要,创造了必要条件。

第二节　医疗护理实践中社会学分析的基本方法

一、分析社会因素与生物、心理因素的关系

虽然现代社会中社会因素对人健康的影响越来越突出,但任何疾病都是由社会、生物、心理因素综合作用的结果。在这种相互作用之中,社会因素与生物、心理因素的联系有不同的特点。因此,在医疗护理实践中,研究人体疾病的产生、发展和转归,实施整体护理,需要将社会、生物、心理三因素纳入其中,注意分析社会因素与生物、心理因素的相互关系。

(一)社会因素与生物因素的关系

这种关系主要表现为社会因素对生物因素的正性与负性的影响作用。所谓正性的影响是指,良好的社会生活环境、生活方式、风俗习惯等社会因素,对人的躯体健康、生理过程起积极的促进作用,即促健康。例如,保护环境,维持环境的生态平衡,可以提高人类的健康

---

[1] 引自《北京青年报》2000年10.30。
[2] 引自《北京青年报》1999.12.3。

水平，减少发病率。而负性的影响则是指，不良的社会因素包括恶劣的生活环境、不健康的生活方式、风俗习惯等，对人的躯体健康、生理过程起消极的促进作用即促致病。现代社会出现的所谓文明病、富裕病，都与社会生活环境的污染和不科学的生活方式等因素有着密切的关系。

分析社会因素对生物因素影响、作用的目的在于，创造条件不断优化各种社会因素，变社会因素对生理因素的负性影响为正性影响。而致力于环境的综合治理，加强健康知识的宣传和普及，提倡科学、健康的生活方式和习惯，为患者提供安静、整洁、舒适的治疗护理环境，对人的躯体健康具有重要的社会治疗、护理的意义。否则，不良的社会因素不仅可以使人体致病，而且还会消弱治疗护理的作用。例如，某公司经理由于长期的超负荷工作、精神紧张、应酬多、生活无规律，患冠心病并因心肌梗塞入院。对此，除必须的用药外，能否改善、调节饮食，提供舒适、安静的休养环境，使之增加睡眠、放松精神等，对疾病的康复会起加速或延缓作用。

（二）社会因素与心理因素的关系

这种关系与前者相比，较为复杂。人是具有意识、思维和丰富而复杂的主观内心世界的生命有机体。但人又处在社会中，人的精神活动只有在社会关系中才能形成和表现。因此，社会因素与心理因素处于不可分割的相互影响、相互作用之中，具体表现为两方面：

一方面，社会因素通过刺激人的心理因素而影响躯体健康。诸如心境障碍、身心疾病、神经症等，都是由对个体具有重大影响的社会生活事件的强烈刺激或持续作用下，通过心理冲突而引致的心因性疾病。据有关统计资料表明，由于现代化城市中快节奏的工作效率和紧张的生活节奏，给人们造成的心理压力，使我国精神疾病和身心障碍病症的发病率缓慢上升，以精神疾患为例，全国患病率50年代为2.8‰，70年代上升到7.3‰，1993年进一步上升为13.47‰，且城市人口的患病率大大高于农村人口。刺激人的心理、社会因素包括生活、事业的挫败，亲人的亡故，职位的升降，经济的困难，以及受辱、被盗、车祸等。在医疗护理过程中，医院环境、医护人员的表情、语言、行为等，也是影响人们心理的重要社会因素。

另一方面，心理因素反过来可加强或削弱社会因素对人躯体的影响。例如，生活、事业中的矛盾、挫折可能造成人们心理的怨恨、忧郁、一蹶不振，一旦超越时限可产生各种器质性疾病；这是心理因素对不良社会因素的强化作用；也可使人从这种逆境、困境中得到反激的力量，始终保持健康、平和的心态，积极投身于学习、工作，不仅做出了优异的成绩，而且削弱了不良社会因素对人的影响，维护了躯体的健康。

分析社会因素与心理因素的关系，一是要通过改善社会环境，优化社会因素对心理因素的影响。如卫生系统开展的"以病人为中心"，把病人当亲人，努力为病人排忧解难，提供优质的医疗护理服务，改善服务态度和就医环境，可对病人产生良好的心理效应，有利于疾病的治疗和康复。二是要优化或减弱心理因素，尽量避免、减少不良心理因素对社会因素的强化作用。例如，对愤怒、悲痛、绝望等情绪给予心理疏导和心理治疗，使之发泄、分散、转移或与树立理想、坚定意志的锻炼、培养联系起来，就是一种削弱或优化心理因素对社会因素强化作用的手段。

在护理过程中，通过与病人聊天，为病人提供倾诉的机会和场合，使其心中的郁闷得以发泄；通过为病人施放轻松的音乐，或引导病人对以往生活中美好片段的追忆，以及组织病人进行某些文化娱乐活动等等，可使病人的各种不良情绪和心理得以疏导、分散、转移；通过鼓励病人保持乐观的心态，树立战胜疾病的坚定信念，锻炼坚强的意志，对削弱社会因素的不利影响，促进身心健康更是一道重要的防线。一般说来，意志坚强者对挫折的容忍力较强，即使受到严重的挫折，仍能保持自己良好的社会适应能力，避免发生身心疾病或对患病后的治疗起积极的促进作用。可以说，保持乐观的心态和积极、愉快的情绪，是提高对不良社会因素的心理承受力，促进机体健康的一剂良药。英国著名的化学家拉法第年轻时体质较差，患有神经衰弱，久治疗效不佳。后来一位医生对他说："一个小丑进城，胜过一打医生"，他从中受到启发，此后，经常抽空去看滑稽戏、马戏、戏剧等，结果不仅使他的神经衰弱得到痊愈，而且还延长了生命，健康地活了76岁。这充分说明，优化心理因素对维护躯体健康的重要性。

二、分析社会、生物、心理诸因素地位的不平衡性

在现代社会中，社会因素总体对人的健康起主导作用，但在治疗护理的不同阶段，由于疾病轻重缓急的不同，社会、生物、心理诸因素在疾病转归中的地位、作用有主次之分。如一位生命垂危，正处于抢救中的病人，有关生理方面的基本需要是护理工作的重点，护理人员应注意密切观察、收集病人有关生命体征变化的信息资料，并根据病情进行精心的呵护；而心理、社会方面的需要则为次要方面，对此应待病情稳定之后，再加以实施。

另外，社会因素对人的影响是多方面的，但诸社会因素对不同疾病及疾病发展不同阶段的作用程度也不尽相同，有主次之分。例如，一位患者，同时遭受家庭气氛紧张、单位人际关系恶化、工作环境有化学毒害污染三种社会因素的影响，但在疾病发展的不同阶段，三者所占的主次位置则不同。当没有给予体内解毒、排毒，使之脱离污染源时，治疗护理的主要问题是化学污染；此问题解决之后，如何消除家庭、单位人际关系的紧张和恶化及其由此而来的不良情绪等社会、心理因素，就上升为主要问题。又如，一急性心肌梗塞患者入院经抢救病情稳定。分析其引发疾病的社会因素有工作紧张、劳累；饮食不节制、生活无规律，并嗜烟、嗜酒；缺乏相关的卫生保健知识，对冠心病的形成过程及危害不甚了解等等。在护理过程中，根据患者病情和治疗进展情况，除必要的用药外，首先应解决的问题是让病人卧床，保证充足的睡眠，使之机体得到充分休息，精神得到完全的放松，以消除病人的紧张和劳累；其次是调节、控制饮食，禁烟酒、减少脂类、蛋白质的摄入量，以豆制品、蔬菜为主；最后是对患者进行卫生保健知识的宣教，指导病人有计划、有规律地进行散步、骑车、打太极拳等项目的锻炼。

在医疗护理实践中，分析人体生物、心理、社会三因素及社会各因素之间作用的不平衡性，目的在于根据病情的变化，具体问题具体对待，从中抓住主要因素，避免不加分析、不分主次的一刀切。

三、分析社会因素致病环境的环节

不良社会因素对人健康的影响，有些是直接作用于机体而致病，有些则是通过生物、心理因素作为中间环节引起。研究社会因素致病环境的环节，可以通过采取有针对性的具体措施，阻断社会因素致病的各个环节，从而丰富人们克服致病因素的手段，达到维护人类健康的目的。社会因素对人体的致病方式大致分为以下几种类型：

（一）强烈的或持续发生作用的社会因素可以成为致病的直接原因。例如，工业生产、生活用煤燃烧过程中产生的二氧化硫和汽车尾气中的氮氧化物等有害物质排放到大气中，超

过一定的浓度，被人们长期吸入就会引起呼吸道疾病，使肺功能下降，影响健康。1952年夏季和冬季分别在美国落杉矶和英国的伦敦曾发生过严重的化学烟雾环境污染事件，就是由此引发。污染物使人的眼睛红肿、流泪，并伴有头痛、喉痛、咳嗽、胸闷、喘息、呕吐、呼吸困难等症状，严重者出现心功能衰竭，甚至死亡。伦敦市在这次化学烟雾污染事件中，死亡人数达4000多人。化学烟雾污染造成的"公害病"，在美国其它大城市，以及日本、加拿大、德国、澳大利亚、意大利、印度等大城市也都发生过。

从本世纪60年代开始，国外通过流行病学、社会医学、临床社会调查研究证明，严重威胁人类健康的疾病，包括心血管病、各种癌症、肺部疾病、糖尿病和骨质疏松症等，其主要、直接因素是不健康的生活方式和环境。其中，生活方式占整个影响因素的50%～55%。为此，人们把上述疾病统称为"生活方式病"[①]。人类长期在噪音环境中工作，会引发耳鸣、重听、失眠、血压升高和胃肠功能神经系统紊乱等症状，都是社会因素持续对人的身心发生直接作用的结果。社会因素对机体直接致病的方式如下图所示：

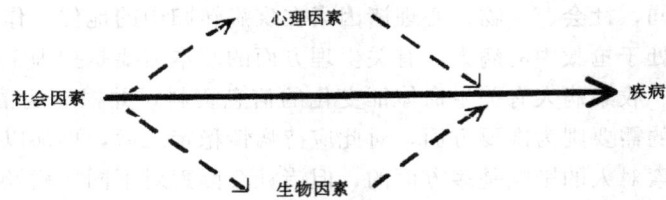

（二）社会因素以生物或心理因素作为中间环节间接致病。例如，由二氧化硫、氮氧化物等污染物引起的"酸沉降"即酸雨及工业废水，溶入土壤、湖泊，可使土壤中原有的一些金属元素如铝被活化，无机汞转化为有机汞，经植物、动物等生物因素吸收、富集的作用，通过食物链进入人体致病。又如，不良社会因素的刺激，会使人的心理活动发生改变，引发疾病或使疾病进一步加重。英国研究的250名癌症患者中，有156人（占62.4%）发病前遭遇重大生活事件。我国高北陵氏报告，癌症患者发病前有81.2%经历过社会因素的刺激，其中66.9%为负性生活事件，而忧郁者又占70.7%，焦虑者占92.3%，负性生活事件以亲人亡故居多[②]。另有资料表明，丧失最亲近人者，比年龄相似的对照组死亡率高7倍。

临床实践还证明，不良社会因素的刺激，可以通过影响人的心理、生理过程加速疾病的发展。如癌症患者得知了自己的病情，患有神经症的病人担任与自己能力不相适应的工作等，都可能在精神上产生忧郁、焦虑、烦躁、愤怒、失望等消极情绪，使机体各种功能失调，加重病情，甚至死亡。这些都是社会因素通过生物或心理因素间接致病的表现。其致病方式如下图所示：

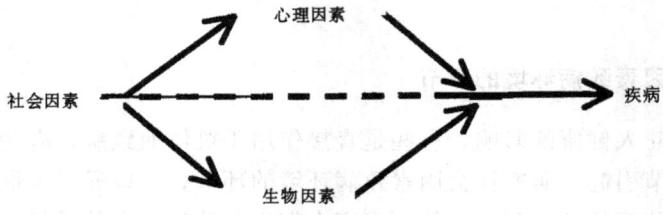

[①] 《医学与社会》97年第二期，第12页。
[②] 《医学与社会》98年第一期，第1页。

（三）社会因素是生物因素致病的中间环节和必要条件。现代医学研究成果证明，许多致病的生物因素只有在恶劣的社会环境中才能引起发病，社会因素是生物因素致病的必要条件。例如，结核病、佝偻病、性病及呼吸道、消化道传染病的病原因素固然是缺钙和各种病菌、病毒，但如果没有居住生活条件的恶化，饮食不卫生，营养状况的不良及社会中嫖娼、卖淫现象的存在，这些疾病是不会发生的，更不可能传播、蔓延。因此，对上述疾病的防治从根本上说，就是改善社会生活环境，铲除产生、传播疾病的社会因素，阻断生物因素致病的社会条件。生物因素通过社会因素致病的作用方式如下图所示：

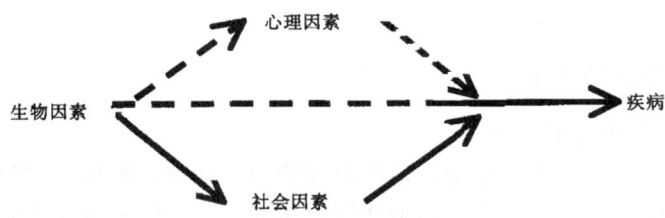

第三节 医疗护理中社会学分析的整体性原则

唯物辩证法认为，事物都是普遍联系的系统，即是由相互联系的各个要素按一定方式组成的、并同周围环境相互作用的统一整体。整体性是系统的基本特征，也是观察、分析问题的基本原则。它要求人们在研究某一事物时，不要忽视与它有关事物的联系；在研究事物的部分时，不要忽视这一部分同事物其他部分及事物整体的联系。同时，应把事物的联系置于发展之中，将事物的发展过程也看作一个整体。护理实践中的社会学分析，也应坚持这一基本原则。

一、着眼于社会的整体性

（一）着眼于社会整体的含义

社会学分析立足于社会整体是指，根据整个社会疾病谱、死因谱的新变化，着眼于主要由社会因素促成的脑血管病、心血管病、恶性肿瘤和意外死亡等疾病的社会综合防治。

随着社会的发展，医学科学的进步，过去严重威胁人类健康的各种急慢性传染病，今天已经得到了有效的控制。但是，由不健康的生活方式、环境污染及社会的紧张、快节奏诸因素促成的心血管病、脑血管病、恶性肿瘤和意外死亡等，已转变为危害人类健康的主要疾病。因此，社会学方法着眼于整体性，应根据人类社会疾病谱的新变化，及时调整卫生工作的重点，致力于上述疾病的社会防治工作。

（二）针对社会整体的社会学措施

1. 着眼于整个社会的长远利益，把治疗和预防结合起来，并将预防、保健工作放在首位。有关医学研究证明，80%的恶性肿瘤、心、脑血管病和意外死亡，是由恶劣的社会生活环境和不良生活方式造成的。对此，单纯的治疗效果较差。只有采取社会学手段，将治疗与预防相结合，在发展经济的同时，努力提供绿化、美化、净化、优化社会生活环境和医疗保健环境等高质量的社会服务，消除环境污染，维持生态平衡，调节生活节律，改善人际关系，以减少致病的社会因素。同时，加强职业选择、劳动保护、家庭生活饮食结构、文体娱乐、行为习惯等方面的咨询和科学指导，帮助人们掌握主动适应社会环境，保持身心健康的能力。

2. 动员一切社会力量，加强社会整体的综合防治。对上述疾病的社会防治工作，单靠护理人员的力量和单纯的医学、护理技术手段远远不够，它需要卫生系统与整个社会其他部门的共同参与，共同努力，从整体上加以防治，才能取得最佳的社会效果。世界卫生组织在总结43个心血管疾病防治点的经验时指出，对这些疾病的防治，"与其用传统医疗技术，毋宁说用政治行动；"这并非否定医疗技术的地位和作用，而正是强调社会整体防治的重要意义。

二、着眼于群体的整体性

（一）着眼于群体整体的含义

社会学分析着眼于群体整体是指，适应现代护理学和整体护理模式的要求，把社区作为整体，着眼于对特定社会人群的疾病防治和健康保健工作，以有效地控制特定地区的疾病传播、发病率，维护、提高社区群体的健康水平。

（二）针对群体整体的社会学措施

1. 要求护理人员把生理和心理、技术和社会、机体和环境、治疗和预防等因素辩证统一起来，给特定人群提供全面的、系统的服务。即对社区人群从出生到成长的整个过程进行系统、连续的健康监测，提供医疗、预防、康复、保健的全面服务。这种服务对护士的素质和工作提出了更高的要求。她们需要具备综合的素质，深入社区家庭，调查了解社会人群的健康状况及需求，研究致病的生物、社会、心理因素，分析发病和死亡的动态，加强对疾病的预测，有针对性地制定和实施有效的综合防治措施，定期开展一级预防（卫生宣教、预防接种、改善卫生状况等）、二级预防（定期健康检查、早期发现病前变化、及时诊治等）和三级预防（防复发转移、防残废、康复指导）等工作。

2. 对社会的特殊群体，包括酗酒、吸烟、吸毒者，慢性病人、精神病人、残疾者，妇幼人群、老年人尤其是鳏寡老人等，应根据不同的情况，分别从不同的社会角度采取有效措施。如对酗酒、吸烟、吸毒者，应加强对其危害性和健康知识的宣教；对慢性病人、残疾者，应注意身心康复和劳动技能的培训，使其发挥积极的社会作用；对老年人特别是鳏寡老人，应加强老年病的防治工作，并给予生活上的照顾和精神上的安慰；对妇幼人群应加强优生优育和卫生保健的指导；对精神病人应注意社会环境的改善和回归社会的社会护理。总之，要注意特殊群体的特点，分别对待。

三、着眼于个体的整体性

（一）着眼于个体整体的含义

从系统论的观点看，任何事物不论大小都以整体系统的方式存在着，作为个体的人也是个系统。社会学方法着眼于个体整体，即是把个人视为生物、心理、社会因素的综合整体，并以此当作分析、解决问题的出发点和基础。

（二）针对个体整体的社会学措施

1. 注意个体整体的差异、特点，进行具体问题具体分析。唯物辩证法认为，世界上没有完全相同的东西，任何事物都是共性与个性的统一。"斯人也，而有斯疾也。"人们由于社会地位、社会经历、文化素养、人格特征等方面的不同，其社会、生物、心理因素会有种种特点，对疾病甚至同一疾病会出现不同的自我健康感知状态。例如，两位乳腺癌病人，一位是45岁、具有大学文凭的时装设计师；另一位是62岁的家庭主妇。两人术后化疗都发生脱发，但她们的心态截然不同。前者因失去一侧乳房和脱发而沮丧、绝望，对术后锻炼态度消极；后者关心的是术后能否影响做家务，对术后锻炼态度积极。这说明收集资料、了解掌握病人各个方面的差异，尤其是社会心理方面的特点，有针对性地实施身心的整体护理，至关重要。正如古代西方著名医学家希波克拉底曾经说过的，"知道患病的人是什么人，比知道他患什么病更重要"。

流传至今的清初名医傅青主开煮石头药方的故事，也令人颇受启迪。故事是说一对好夫妻因误会，妻子一气之下卧床不起，几天不肯进食。遍求名医治疗无效，最后找到傅青主。听明缘由，傅青主开了一张煮石头的"社会处方"，让丈夫回家将石头放在锅里煮烂。丈夫回家后，不分昼夜，一心一意地煮石头，妻子受了感动，气消了，下床吃饭了，病也好了。故事的寓意说明了寻找问题的"症结"，进行社会心理治疗护理的重要性，只有抓住个体的特征，才能取得良好的社会护理效果。

2. 美化医疗环境，改善住院病人的生活条件，满足不同类型病人的社会、心理需求，会使病人产生良好的社会效应和心理效应，具有社会学治疗的意义。实践证明，医疗服务设施、项目的完善，服务态度的改善；就医、住院环境的整洁、美化，如花草树木的种植，墙壁悦目宁心的颜色，健康向上的图画，舒适的布置；住院病人生活条件的改善，如病房的整洁，膳食的可口，被服的干净；再加上高大的建筑，现代化的仪器，良好的秩序，便利的服务等，均会影响病人的情绪，使病人获得愉悦感、安全感和信懒感，增强治疗信心，提高治疗效果。相反，拥挤、肮脏、混乱、嘈杂、劣质的服务等，则会使病人产生紧张、焦虑甚至厌恶情绪，从而影响治疗护理的质量。

96年全国卫生系统开展"以病人为中心，优质服务"的活动以来，许多医院门诊大厅为病人增设座椅，安装电话，准备轮椅与担架；小卖部出售方便食品与快餐，验血后供应热奶、咖啡；设立导诊服务台，导诊护士经礼仪培训，热情接待病人，进行健康宣教；小儿科设游乐室，病人生日送上蛋糕、长寿面，节假日供应点菜等服务设施、项目的增加和服务态度的改善，都起到了良好的社会心理治疗效果。

3. 阻断产生消极效应的信息，避免不良社会因素对病人心理的影响。不良的信息常引起患者心理的猜疑、紧张、抑郁或愤怒，造成心理上的压力，甚至引起医源性疾病。

不良信息的来源，有医护人员不恰当的语言、不自然的表情、动作和生硬的态度等。例如，某医院的一位医生，认为某住院病人的尿化验结果有误，主观怀疑是病人作假所为，并直言不讳地指责病人，给病人带来沉重的思想负担，以至躺在医院大厅地上哭了起来。对住院病人，不良的信息还来自邻近病人及探视者。如病友病情的加重、死亡会给病人造成强烈的精神刺激，引起疾病的恶化。

阻断不良信息的渠道，可通过思想教育、提高医护人员的修养和建立健全规章制度来实现。对个别医护人员故意向病人泄露、夸大病情或态度粗暴、恶语相伤，致使病人病情加重或死亡的，应作责任事故来处理；对探视者，应鼓励他们给患者以支持，避免谈论可能引起病人不良心理反应的话题；对病情轻重不同和病程处于不同阶段的病人尽量隔离开，建立轻病房、重病房、监护病房等，以减少患者之间恶性信息的互相传递。另外，还应建立集体活动室，把病情好转及病情较轻的病人组织起来，进行集体卫生保健知识的宣教和文体娱乐活动，以活跃气氛，消除孤独感，提高自我保健及社会适应能力。

四、着眼于护理工作的整体性

护理学是一门综合自然科学和社会科学知识,与医疗并列为人类健康服务的应用学科,是研究如何诊断、处理人类对现存的和潜在的健康问题反映的科学。护理工作内部的各个环节,以及护理与医疗、与整个医院辅助业务、行政、后勤等工作之间都是相互联系相互影响、相互制约的有机整体,其中任何一个环节出现问题,都对护理工作产生不利影响。

(一)把握护理工作内部各环节之间的整体性

护理内部的护理人员、对象、任务、程序、管理等环节自身及环节之间具有联系的整体性。

1. 护理人员:是护理工作的主体,也是具有生物、心理、社会因素相互作用的综合体。诸因素的状况、变化会影响护士的素质和角色作用的发挥,进而影响整个护理工作的质量。

2. 护理对象:是以整体人的健康为中心,(包括病人和健康人)也是涉及生物、心理、社会因素的动态综合体。随时收集、掌握三因素的动态资料,及时调整治疗护理方案,对保证护理质量极为重要。

3. 护理任务:由护理对象决定,包括从个体到群体,从出生到死亡,从健康到疾病的全过程的身心整体护理。对身体状况良好的人,促进健康;对有健康问题的人,预防疾病;对已患病的人,协助康复;对生命垂危的人,减轻痛苦;由此构成护理工作任务相互联系的统一整体。

4. 护理程序:是护理工作不可缺少的基本方法,其中的各个步骤包括收集资料作出护理诊断,制定实施护理计划,评价护理结果等,也都是环环相扣,紧密相连。

5. 护理管理:是护理工作诸要素的结合方式,它关系着护理人际关系的协调,护理人员的合理使用、培养和积极性的发挥,对护理过程的优化、有序,护理工作质量的保证,具有重要的作用。

因此,在护理工作中,要注意各个要素、环节的相互配合,使之达到有机的统一。

(二)把握护理与医疗工作的整体性

护理与医疗工作的内涵、侧重点与技术手段不同,相互并列、相对独立。医疗的侧重点是健康疾病本身,医生的职责是作出正确的诊断和恰当的治疗方案;护理的侧重点是健康疾病问题的反应,护士的责任是能动地执行医嘱并针对健康问题的反应,作出护理诊断,进行身心护理。但二者又是相互制约、互为补充的整体。

首先,医疗离不开护理。优质的护理不仅为医疗的诊断和治疗方案提供必要的信息资料,而且使病人处于最佳的生理、心理状态,为良好的治疗奠定基础。同时,恰当、优质的护理本身又具有治疗的意义。如发现心源性哮喘病人发作先兆时,只要立即帮助病人采取端正坐位或较高卧位,就可使哮喘缓解、减轻,避免缺氧情况,增加肺活量,从而起到一定的治疗作用。

其次,护理也离不开医疗。没有对疾病的正确诊断和治疗,护理本身就失去了意义。因此,护理工作也不能忽视护理与医疗的整体性。

(三)把握护理与医院其他辅助业务、行政、后勤等部门工作的整体性

护理与医院其他各业务、行政、后勤等部门的工作也是不可分割的整体。如病人化验检查结果的及时、准确无误,膳食的改善,医院环境的整洁、美化等,都与这些部门的工作密切相联。

总之,护理工作要立足于整体,树立全局观念,注意各方面工作、环节的相互衔接、合作,不能各自为政。那种只重视疾病,轻视人;只重视生物因素,忽视心理、社会因素;或者只顾护理,看不到医疗以及重治疗、轻预防,重个体、轻群体的单打一,都是片面、有害的。

第八章 预防保健的社会性与社会学措施

卫生工作的主要任务是防病治病，其基本工作方针是"以预防为主"。预防保健问题不仅直接影响社会人群的健康水平，而且也关系到卫生工作目标的实现，对初级阶段的社会主义建设起保障作用。因此，具有广泛而深远的社会意义。

第一节 疾病谱的变化与卫生工作的社会目标

一、社会疾病谱、死因谱的新变化

社会人群的疾病谱和死因谱随着各种环境因素的变化而变化。此方面在当今社会与20世纪40年代以前相比，有了很大的改变。

1. 传染性、寄生虫、营养不良等疾病基本得到控制

20世纪中叶以前，影响人类健康的主要疾病是结核、肝炎、霍乱、伤寒等各种传染病、寄生虫病和营养不良症。随着社会发展和生物医学的进步，人们的生活水平不断提高，营养状况普遍改善，医疗预防服务日益普及特别是19世纪~20世纪40年代，由于微生物学、解剖学的研究和传播，以及显微镜技术、听诊器、血压计、X射线、青霉素等方面的发明、发现、研制和在临床上的广泛应用，使人类控制传染病的手段不断增强，千百年来威胁人类生命与健康的上述疾病基本得到控制，其发病率和死亡率大大降低。1997年，全球的死亡人口约5000万以上，其中传染病和寄生虫病占33%，循环系统疾病占29%，癌症占12%。发达国家的传染病、寄生虫病死亡比重从1985年5%降至1%，发展中国家由45%降至43%[①]。这说明以传染病、寄生虫和营养不良症为对象的第一次卫生革命在发达国家基本完成，并逐步向发展中国家推进。

2. 慢性非传染性疾病的发病率日益上升

随着现代科学技术的发展，工业化、城市化进程的加快，与生态环境、生活方式等因素有关的公害病、文明病、心因性疾病的患病人数明显增加，心脑血管疾病（包括高血压、冠心病、脑卒中等）、糖尿病、恶性肿瘤、精神疾患等慢性、非传染性疾病日益成为危害人类健康的主要疾病。根据1998年全国卫生服务总调查结果显示，我国慢性病患率按高低顺序排列依次为：高血压、脑血管病、冠心病、糖尿病、恶性肿瘤（见表1）。另据北京市西城区1998年的资料统计表明，在80万人口中，居民患病率居前五位的疾病分别是高血压25.8%，冠心病11.4%，高血脂6.6%，白内障5.6%，糖尿病5.5%。住院人次居前四位的

表1 1998年全国慢性病患病率

病　名	高血病压	脑血管病	冠心病	糖尿病	恶性肿瘤	合　计
患病率‰	42.26	14.30	10.83	10.01	4.6	327.7

（摘自1998年全国卫生服务总调查）

---

① 龚幼龙《社会医学》北京．北京医科大学出版社，2000年，第38~39页。

疾病为呼吸系统疾病、心血管疾病、脑血管病和糖尿病。

3. 慢性非传染性疾病位居死因谱的前列

在各种慢性非传染性疾病发病率提高的同时，其中某些疾病的死亡率也日渐上升，已逐渐居于死因谱的前列，成为危害人类健康生命的大敌。1997年，发达国家心脑血管疾病的死亡率占死亡总数近一半，发展中国家虽然传染病仍为主要威胁，但心脑血管病及癌症的危害正逐步加大。在我国总体疾病死亡演变模式中，城市主要死因已由1957年的呼吸系统病、急性传染病、肺结核等疾病转变到1996年的脑血管病、癌症、心脏病，农村由50年代与城市相同的死因谱转变到1996年的呼吸系统病、脑血管病、癌症等[①]。有关统计资料表明，我国每天平均有1.3万人死于慢性病，此数字占死亡总数的3/4。根据中国卫生统计的资料显示，1991年我国城市人群位居前五位死因的疾病依次为：恶性肿瘤、脑血管病、呼吸系统疾病、心脏病、损伤和中毒。（见表2）又据北京市西城区1998年的调查资料表明，各种疾病死亡率的顺序为脑出血、恶性肿瘤、心脏病、呼吸系统疾病、消化系统疾病。其中，心脑血管疾病和恶性肿瘤占死亡构成比的60.31%。

表2　我国城市人群前五位死因及构成比

顺位	1957年		1963年		1975年		1985年		1991年	
	死因	%	死因	%	死因	%	死因	%	死因	%
1	呼吸系病	16.9	呼吸系病	12.0	脑血管病	21.6	心脏病	23.39	恶性肿瘤	22.39
2	传染病	15.4	传染病	10.7	恶性肿瘤	18.8	脑血管病	20.98	脑血管病	21.05
3	消化系病	7.3	恶性肿瘤	8.6	呼吸系病	18.6	恶性肿瘤	20.32	呼吸系病	15.21
4	心脏病	6.6	脑血管病	6.9	心脏病	11.7	呼吸系病	9.08	心脏病	14.88
5	脑血管病	5.5	心脏病	6.7	传染病	5.8	消化系病	4.17	损伤和中毒	7.12

（摘自《中国卫生统计摘要》1991）

二、造成疾病谱变化的社会因素

根据1981～1982年对全国19个城乡点的调查结果及与美国人群疾病死因的对比发现，生活方式及行为、环境、卫生保健等社会因素是影响疾病谱、死因谱变化的主要因素。（见表3、表4）

表3　四大因素与前五位主要死因的关系（%）

死因	生活方式和行为	人类生物学因素	环境因素	卫生保健
心脏病	45.70	29.00	19.15	6.15
脑血管病	43.26	36.60	15.09	5.05
恶性肿瘤	43.64	45.92	6.65	3.78
意外死亡	18.34	2.34	67.34	11.98
呼吸系病	41.09	27.76	18.20	12.95

---

① 龚幼龙《社会医学》，北京，北京医科大学出版社2000年，第38～39页。

表4 中美人群前十位主要死因与四大因素的关系（%）

国家	生活方式和行为	人类生物学因素	环境因素	卫生保健
中国	37.73	31.43	20.04	10.80
美国	48.90	23.20	17.60	10.30

（摘自全国19个城乡点1981~1982年的调查结果）

1. 不良生活方式和行为对人健康的影响。

危害人类健康的许多疾病如心脑血管病、恶性肿瘤、肥胖症等，与人的不良生活方式和行为习惯有着密切的联系，甚至是致病的首要因素。这从表3、表4的资料显示中可得到说明。据国际及地区间的大量流行病学调查表明，长期食用含高胆固醇、高动物脂肪、高饱和脂肪酸及高热量的食物如各种肉类、奶油、糖类等，容易患冠心病；经常食用腌制或熏制的食物如咸菜、酸菜、熏鱼、腊肉等，可诱发胃癌、食道癌等。冰岛的胃癌发病率较高，据分析与居民长期食用熏制的鲑鱼和鳟鱼有关。另外，嗜烟、嗜酒易导致肺癌、口腔癌、食道癌、胃癌等；缺乏运动的人易发生肥胖，也是导致心脑血管疾病的诱因。1997年对北京市西城区761人的抽样调查结果显示，由于居民饮食中脂肪的摄入量过高，占总热量的30%~40%，使肥胖者居多，而且其总超重率达30.8%，即35岁以上居民中有31.8%的男性和29.5%的女性BMI指数大于24。其中，40~50年龄段的超重率最高为58.0%。由此不难看出，不良生活方式与行为习惯是诱发各种慢性非传染性疾病的首要根源。

2. 环境问题对人身心健康的危害

人的生存和发展离不开周围的环境，环境状况的优劣直接关系到人类的健康。在当今社会，环境问题也是困扰人类、诱发各种疾病重要因素。环境包括自然环境和社会环境两个方面。

首先，自然环境问题对人类健康的影响主要是工业化对自然环境的污染。1978年第十二届国际癌症大会上，科学家们指出，产生癌症的主要根源应该到环境中去寻找，人类80%~90%的癌症直接或间接与环境有关。

随着现代社会工业化的发展，虽然带来了生产力水平的不断提高和物质财富的日益丰富，但也使人类的生存环境不断遭到破坏。大量工业生产、生活用煤的燃烧，交通运输中机动车尾气的排放，工业中氟里昂的大量应用等，使各种有害的物质如二氧化硫、氮氧化物、一氧化碳、光化学烟雾等排放到大气中，造成大气的污染，对人的健康产生不同程度的伤害。轻者出现流泪、流涕、眼睑和鼻黏膜发痒、头晕、恶心、胸闷等症状，严重者可出现急、慢性中毒。氟里昂的大量排放，造成大气圈平流层臭氧的耗损、空洞，使人直接遭受紫外线辐射，增加了皮肤癌的发病几率。

大量工业废水和化学致癌物排至江河湖海中，造成水源污染，而危害人类健康。据报道，在发展中国家每年约有2500万人死于饮用不洁净水，占死亡总数的1/3[①]。此外，工业生产中机器马达的轰隆声和汽车喇叭的鸣叫声，又带来了噪音的污染。当噪音达到100分贝时，可使耳朵发痒；达到120分贝时，会出现耳朵的疼痛；达到140分贝时，就会造成耳膜的破裂。

其次，社会环境问题对人类健康的影响，主要是社会竞争、生活的快节奏给人们造成的

---

① 《医学与社会》1997年第四期，第3页。

紧张和压力。现代社会是市场经济社会，充满着激烈的竞争，工作和生活节奏也很快。同时，现代社会又是知识型社会，劳动力型人才正逐步被智能型人才所代替。人们要适应社会发展的需要，在竞争中立足，就必须努力学习，不断提高自身的知识和技能。这种状况应该说是社会进步的特征，但也无形地增加了人们心理的紧张和压力。特别是随着竞争上岗、则优选拔和晋升，其心理负荷会不断增加。另外，现代社会的家庭结构也发生了较大变化，老年空巢家庭、单亲家庭及独生子女的不断增多，使传统的抚养儿童、赡养老人的方式受到冲击，这在当前相应社会保障机制尚未完善的情况下，必然造成一系列的负性心理和异常行为问题。

由于各种社会因素对人们心理的刺激，使精神疾患的发病率呈上升趋势。根据1993年的调查统计资料，我国精神病患者已达1600万人，其中有半数左右是重症患者。而且，青少年和儿童是心理问题增多的重要人群。

此外，嫖娼、卖淫、吸毒等现象也是现代社会的严重社会问题，它带来了各种性病、艾滋病等，对人健康的危害同样不可低估。

3. 人口结构老龄化带来的身心变化的困扰

二次世界大战以后，各国的社会经济条件普遍改善，加上第一次卫生革命的推动，公共卫生事业的迅速发展，使疾病死亡率明显下降，人均寿命不断延长。这虽然是社会进步的表现，但也由此带来了社会人口结构的老龄化。据有关统计资料显示，世界人口中65岁以上者所占比例日趋增大，在发达国家和一部分发展中国家的老龄人口已超过7%。目前我国老龄人口已超过10%，到2010年将达到15%，2030年达到25%。

老年人的特点是生理功能自然衰退，自理行为能力和社会角色变化适应力降低，心理精神活动负性增长，使身心患病的因素不断增加，越来越多的老年人被各种心脑血管疾病、恶性肿瘤、呼吸系疾病、老年抑郁症、痴呆症等慢性退行性疾病所困扰。据98年全国卫生服务总调查的结果发现，在现代社会疾病谱、死因谱居前列的慢性非传染性疾病的患病年龄结构中，老年人尤其是65岁以上的老年人所占比例最高，达890.4‰，（见表5）成为各种慢性疾病的主要承担者。

表5 1998年全国25岁及以上人口慢性病患病率

年龄（岁）	25～34	35～44	45～54	55～64	65≥
患病率‰	70.9	201.4	378.7	685.1	890.4

（摘自1998年全国卫生服务总调查）

三、卫生工作的社会目标

1. 世界卫生工作的社会目标

"2000年人人享有卫生保健"是1981年第34届世界卫生大会上通过的人人健康的全球战略，也是世界卫生工作的社会目标。人人健康是指人人达到最高可能的健康水平。其最低要求是人们能够有成效地进行工作，能够积极地参加社会活动，在不同的国家和地区，按各自的社会经济特点、卫生状况、居民的疾病谱和卫生系统的发展状况，尽力改善、提高人民的健康水平。

实现这一目标其具体措施包括：实施以全民为对象的国家卫生规划；发展基层卫生机构；推进各项增进健康、防治疾病以及康复的措施；充分发掘、合理分配，有效利用一切可能的卫生资源；科学地、因地制宜地使用医疗卫生技术，组织社区居民积极参加卫生活动；加强国际间的协作和各社会部门之间的协调；加强卫生体制、基层卫生服务、卫生经济和管理方面的研究。

2. 我国卫生工作的社会目标

我国是发展中国家。建国以来，医疗卫生事业虽然有了很大的发展，人民的健康水平也有较大的提高。但是，由于中国人口多，经济底子薄，卫生事业发展很不平衡。农村卫生事业落后；城市卫生事业发展面临疾病谱、死因谱的变化和人口老龄化、环境污染等方面的重大挑战。为此，国务院1994年在《中国21世纪议程》和1997年《关于卫生改革与发展的决定》中，以世界卫生工作战略目标为指导，并结合上述具体国情，制定了我国卫生工作和卫生事业发展的总目标。即"到2000年，初步建立起具有中国特色的包括卫生服务、医疗保障、卫生执法监督的卫生体系，基本实现人人享有初级卫生保健，""总体上达到与小康水平相适应的健康水平。""到2010年，在全国建立起适应社会主义市场经济体制和人民健康需求的、比较完善的卫生体系，国民健康的主要指标在经济较发达地区达到或接近世界中等发达国家的平均水平，在欠发达地区达到发展中国家的先进水平。"

要实施初级卫生保健，满足整个社会基本的卫生需求，需要卫生行政、医疗机构及社会各个部门的共同参与，使卫生服务最大限度地深入到人们的工作和生活场所之中，通过改善生活环境，增进健康、预防和治疗疾病以及康复等方面的服务，最大限度地提高全社会人群的健康水平。经过卫生工作者与社会各部门的不懈努力，我国目前已基本达到初级卫生保健的工作目标，正在不断向更高的目标前进。

第二节　疾病预防的社会措施

一、加强社会人群疾病的预测

要搞好疾病预防工作，首先必须对社会人群疾病的未来发展趋势及发展过程进行科学的预测。

1. 建立、完善社区卫生保健服务网络

对社会人群疾病的预测，需要在健全、完善的卫生保健网络系统中有组织、有计划、有层次地进行。根据当前医疗卫生体制的改革，原有的三级医疗服务，现转变为二级服务。过去的三级医疗机构成为医疗中心，以治疗、研究疑难重症疾病为主，集医疗、科研、教学为一体；一、二级医疗机构的职能转变为社区卫生服务中心（站）或其他社区卫生服务机构，主要承担居民的初级卫生保健，集医疗、预防、保健、优生、康复、宣教为一体。对社区人群疾病的监测，成为社区卫生服务中心（站）的基本任务之一。

为提高疾病预测的准确性、科学性，社区卫生服务中心（站）应建立居民个人、家庭和社区的健康档案。居民个人健康档案是记录有关居民个人健康的系统化资料，包括病历记录、健康检查记录、保健卡片以及个人一般情况的记录。家庭健康记录包括，家庭的基本情况、家系图、家庭评估资料、家庭主要问题及问题描述等。社区健康档案包括，社区卫生服务资源的分配、使用情况，卫生服务状况和居民的整体健康状况等。

2. 掌握社区疾病的新动态及发展趋势

社区人群的健康问题，既是对整个社会疾病谱变化的反映，也因特定人群素质的不同有其自身的特殊性。

通过对居民个人、家庭和社区健康档案的建立和分析，目的在于及时筛查、发现个人、家庭、社区现存和潜在的健康问题，了解社区特定人群疾病的新动态及其相关因素，查明危害并从中掌握疾病的未来发展趋势，从而为有效地利用社区的人力、财力、物力资源，有针对性地开展社区疾病的预防保健工作提供客观依据。具体可从以下三个方面进行：

第一，综合社区特定人群（如老年、妇幼人群等）的健康状况及其疾病结构、类型、患病率、死亡率等方面的有关数据，并从中分析与这些健康问题相关的因素。这既是疾病预测的客观基础，也是确定疾病预防目标的前提和落脚点。

第二，从现有资料出发，预测社会人群疾病的发展可能对社会发展带来的影响和危害。

第三，根据疾病预测结果制定、提出有效、可行的解决方案和手段。

二、注重环境的综合治理

1. 个人与家庭环境的综合治理

影响人们健康的首要因素是个人不良的生活方式和习惯，而个人习惯如吸烟、饮酒、饮食习惯等，又是在家庭生活中逐渐形成的，家庭不仅是引发疾病的重要场所和来源，也是预防疾病可以利用的资源。因此，预防疾病，纠正不良行为和不科学生活方式，不仅个人应自觉重视自我保健，培养良好的卫生习惯，注意合理的营养和饮食，戒烟、控制饮酒，经常参加体育运动，预防意外伤害，自觉接受医疗机构提供的各项预防服务；而且也需要将个人置于家庭之中，进行综合治理，使家庭也担负起预防保健的责任。例如，通过对父母教育子女方面知识的宣教，使他们为孩子正常生理、心理的发育和社交、沟通能力的培养，创造良好的家庭环境；又如，通过对病人及家属的卫生教育，使他们掌握初级的预防保健知识和技能。一方面，在与病人的互动中，协助病人恢复健康；另一方面，也有利于家庭成员相互影响，培养良好的卫生习惯和生活方式，掌握防病的科普知识，促进家庭成员整体健康水平的提高。

2. 社区环境的综合治理

社区环境由自然环境和社会环境所组成。对自然环境的治理，主要包括，加强环境保护重要性及法律、法规的宣传教育，提高社区居民的环保意识；切实加强对社区的空气质量、水源、噪音等方面的检查和监督，净化社区环境；大力种植树木花草，绿化、美化社区环境。

对社会环境的治理主要是通过加强社区精神文明教育和健康知识的宣传普及，不断提高社区居民的思想道德和科学文化素质，不断完善家庭、社区的社会功能。

社区自然环境、社会环境的治理是综合的、密切相联的。其中，最主要的应是对人的治理。如果每位居民都具有一定的卫生保健意识、保健科普知识和社会公德，自觉促进自身的健康，保护自然环境的生态平衡，就会使社区环境（包括自然环境和社会环境）得到根本的改观。

三、提倡健康的生活方式

如前所述，当今社会疾病谱、死因谱中，居于前几位疾病（如冠心病、糖尿病、癌症、脑血管病等）的首要相关因素是不良的生活习惯。为此，预防保健工作要从根本上进行防治，就必须加强卫生保健知识的宣传和普及，改变不科学的生活方式和习惯。

1. 使人们认识现代医学对健康的新定义。世界卫生组织（WHO）提出，健康不仅是身体本身没有疾病或虚弱，而是身体上、精神上和社会适应能力上的完好状态。也就是说，仅仅躯体没有疾病还不是完整意义上的健康，这种理解是一种消极的健康观；而积极的健康观应把人作为生物、心理、社会因素的综合体进行研究，从人的生理性、精神性和社会性等三个方面去把握健康的内涵。

2. 使人们了解不健康生活方式和习惯的具体表现及其危害，以引起人们的高度重视。在社会中，不良的生活方式或习惯是多种多样的，如吸烟、酗酒，高脂肪、高蛋白、高糖、高盐的饮食习惯，缺乏运动、生活无规律等等。这些习惯得不到根本的纠正，就会大大增加患各种慢性非传染性疾病的机会。

3. 加强对社区人群健康与生活方式的调查，了解人们生活方式、习惯方面存在的问题，有针对性地采取措施，帮助人们进行纠正和克服。例如，1997年，北京市西城区对761人的生活习惯包括吸烟、运动、饮食结构等，进行了抽样调查。结果显示：吸烟率为21.7%；从不参加运动锻炼的居民占总数的35.9%；居民对盐、脂肪的摄入量较高，平均每人每日盐的摄入量为12～15克，脂肪的摄入量占总热量的30%～40%。这就为预防保健计划的制定和实施提供了客观依据。

第三节 自我护理、家庭护理与社区护理

一、自我护理的内容、意义和条件

1. 什么是自我护理

美国著名护理学家多罗西娅．奥瑞姆（DortheaOrem）对自理下的定义为"人为维持生命在平稳或变化了的环境状况下，保持或恢复功能及保持或恢复健康来调节自己的功能和发展所进行的活动。"根据这个定义简言之，所谓自我护理即指自我生存，自我料理的能力。具体而言，就是个人为了维持自身生命和健康的需要而主动进行的各种护理行为活动。自我护理是调动个人积极性的自觉保健活动，它的特点是强调依靠自身主观的努力，改变个人的不良生活习惯、生活方式，创造有利于身心健康的生活、工作环境，以维护与增进自身的健康。

自我护理的主要内容包括：自我的各种健身、防病活动如跑步、散步、打太极拳等等；科学、健康的生活习惯、方式的建立；产生疾病后的自我诊断、自我治疗、自我用药；对特定医疗保健形式的选择和决定（如求医或参加医疗保险等）；在医疗机构诊治后的继续自我保健等等。

自我护理的产生和兴起与疾病谱、死因谱的变化有关。随着社会经济的发展，人们生活水平的提高，过去危害人类健康的传染病、营养不良等问题已基本解决，而心脑血管疾病、糖尿病等慢性非传染性疾病上升为主要问题。而这些疾病与个人不良的生活习惯密切相关。大量科学研究表明，人的健康状况、寿命长短的关键，取决于本人的生活习惯和方式。例如，是否吸烟与酗酒，饮食结构是否合理，睡眠、运动是否适当、规律。美国的一项调查显示，坚持健康生活习惯的人与缺乏者相比，平均寿命要延长11年。这说明，在现代社会中自我保健、护理对维护自身健康的有效率远远优于在医院的药物和医疗设备的作用。

2. 自我护理的社会意义

提高自我护理的能力，不仅对维护个人健康是十分必要的，而且还具有重要的社会意义。

首先，自我护理可以使人们增进健康、预防疾病，不断提高社会的健康水平，保护劳动力，更好地促进社会的发展。个人的健康状况及疾病问题的反应信号，自身体验最敏锐、最及时。掌握保健科普知识，通过自我护理充分调动自我防卫能力，可使健康者的素质日益增强。同时，对人自身潜在的和现存的健康问题能够做到及时发现、早期治疗，将疾病消灭在萌芽状态，以免除或降低各种有害因素对机体的损害，从而提高整个社会人群的健康水平，最大限度地保护劳动力，更好地促进我国社会主义现代化建设的顺利进行。

其次，自我护理有利于节省医药卫生资源，促进卫生资源的合理使用。从社会学的角度看，人的身心健康涉及生物因素和社会环境因素。随着社会的发展，由生物因素造成的疾病逐年下降，而由社会环境因素造成的疾病越来越多。如溃疡病、肿瘤、高血压等，都与社会因素关系密切。因此，要从根本上解决上述问题，首先应改变、消除与之有关的不良社会因素，包括自身不科学的生活习惯等。

自我护理侧重于疾病的预防和疾病的早期发现、早期治疗。通过对自身能动性的调动，使人人都掌握基本的医疗护理卫生知识，主动地对自己的健康负责，不仅可以大大降低疾病的发病率，而且还能做到小病自理，不需去医院求医治疗。这在当前我国经济还不够发达，医药卫生资源十分有限的情况下，对节省卫生资源，促进卫生资源的合理使用具有重要的意义。

再次，自我护理还有利于减轻家庭和社会的负担，避免人力资源的浪费。通过自我护理能力的提高，社会人群（尤其是老年人）身体素质、生活自理能力的增强，可以极大地减轻家庭和社会的经济负担及照顾病人方面的人力消耗，使更多的亲属从护理病人的繁重劳动中解脱出来，更好地为社会服务。

3. 实施自我护理的基本前提和条件

只有掌握如下能力的人才有可能进行自我护理：

（1）独立思维、判断的能力。只有自身头脑清醒，具有正常的思维和判断能力，才有可能提出自己的健康需求，有针对性地进行自我护理。而缺乏或失去思维判断能力的人（如儿童、昏迷病人等），则谈不上自我护理。

（2）独立生活的能力。自我护理作为自我生存、自我料理本身就要求人们必须具备不需要他人照顾而独立生活的能力。否则，如果日常生活处处要依赖家庭、社会和他人的照顾，仍不具备自我护理的条件。

（3）独立处理健康问题的能力。自我护理需要具备初级卫生保健知识，能够独立地处理问题。反之，如果缺少起码的卫生知识，遇到事情束手无策，被动地求助、依靠他人，不可能正确地进行自我护理。

4. 护理人员在自我护理中的作用

护理人员在自我护理中的主要职责是通过一定的指导和帮助，补偿人们自护能力的缺陷，不断增强他们的自我护理意识和能力。具体应掌握如下原则：

首先，护士的指导和帮助仅仅是手段，而目的在于提高自我护理者的能动性，使他们由被动的护理接受者逐步转变为主动的自我护理者。需要护士通过耐心的讲解和演示将自我护理的理论知识和操作技能传授给人们。例如，对安心脏起搏器的病人，应嘱咐其出院后必须随身携带记录所安起搏器型号、性能、安装日期的卡片，并教会病人加强心率观察的方法和要求,指导他们在日常生活工作中特别注意外界电流和磁场的干扰。同时,一旦发现异常立即就医。

其次,注意自我护理指导的个体性差异。不同的个体由于年龄、性别、文化程度、宗教信仰、生活习惯、健康状况等方面的不同,对疾病刺激的反应和耐受能力也不尽相同。因此,只有考虑到个性特征,才能使自我护理的指导适当、合理。

再次,注意自我护理指导的循序渐进性。一方面,指导时应考虑教育对象的实际接受情况及实践效果,坚持由浅入深、由简单到复杂的能级水平阶梯上升的原则。如瘫痪病人直立行走的锻炼,应先从坐开始,然后练习站立,最后锻炼行走。如果直接让病人丢掉拐杖练行走,显然违反了客观规律,会事与愿违。另一方面,随着人们的自我护理水平和能力的提高,原有的自我护理缺陷经锻炼已经解决或康复,护士的干预和帮助就该相应地递减。否则,包办替代太多,就会影响自我护理者能力的提高。

二、家庭护理与社区护理的含义和基本内容

(一)家庭危机对健康的影响

法国的社会学家孔德指出:"家庭是社会的缩影,是具有自发维持能力的最小单位——社会的细胞"。人一出生就处于一定家庭环境之中。家庭成员关系的和谐与否,家庭生活环境的稳定与否,对人的身心健康至关重要。所谓家庭危机是指,影响人们正常家庭生活,对人的健康产生不良作用的家庭问题或事件。主要有以下几个方面:

1. 夫妻关系的失调

家庭的和睦首先在于夫妻关系的和谐。一旦出现矛盾又不能得到及时的解决,久而久之就会造成夫妻关系失调。其主要表现是,夫妻之间的分歧、隔阂不断增大,感情日益疏远,冲突日渐增多,以至感情完全破裂。这不仅影响夫妻双方的身心健康,而且也严重危害子女的身心发育及良好个性特征的形成。为此,1971年墨西哥第五届国际心理疾病大会将"患者及其家庭疾患"作为研究的重大课题。

2. 父母与子女关系的失调

这主要指父母与未成年子女关系的失调。其矛盾主要方面在父母,常常表现为两个极端:第一,对子女要求过于严厉、苛刻,缺乏父母之爱。这往往造成孩子的恐惧、自卑、胆怯形成孤僻的性格,并通过精神因素抑制体内生长激素的分泌,阻碍孩子身高的发育。第二,对子女过分的保护、溺爱。这又会造成孩子的自私、软弱等不良性格特征。

3. 家庭成员疾病的刺激

在家庭中,某一成员患有各种严重的急慢性疾病对家庭其他成员会产生不良的影响。有关研究结果表明,患儿的严重疾病对其父母(特别是母亲)的心理刺激很大,对患儿的兄弟姐妹也有一定的影响。例如,约70%的囊性纤维瘤患儿的父母会出现临床阶段性绝望。而父母患严重的疾病也会使子女陷入危机之中。研究证明,约44%的住院患儿的父母或其他成员患有严重疾病。另外,在精神行为异常的青少年中,其父母的慢性疾病远远超过正常青少年的父母[①]。

了解家庭对健康的影响可以为家庭护理提供客观依据。

(二)家庭护理的含义和内容

---

① 周浩礼 胡继春《医学社会学》湖北科学技术出版社,1992年,第165~166页。

家庭护理就是护士走入人们的家庭，以家庭为基本护理单位，以解决、满足家庭社会成员不同的生理、心理、社会问题和需求为目的的护理保健活动。这种护理模式具有个性化的特征，即针对各家庭成员的特殊需求所实施的护理。家庭护理的主要内容应包括以下几个方面：

1. 加强协调夫妻关系的心理指导，使人们认识和了解夫妻关系状况对人身心健康的影响，掌握处理夫妻关系的方法和技巧。

2. 加强对父母科学育儿的教育和宣传，使他们了解过于严厉或溺爱子女对孩子身心健康的不利影响，掌握教育子女的正确方法。

3. 积极开展家庭病房的护理保健服务，缓解社会"住院难"、"看病难"的矛盾，满足家庭成员（尤其是老年人）不同的生理、心理上的健康需求。

在家庭护理中，护士的工作特点主要是对家庭成员起到指导和帮助的作用，而更多的事情还需各家庭成员承担。

（三）社区护理的含义和基本内容

随着社会化程度的提高，社区作为由一定群体聚集，具有综合性社会功能的场所已成为现实。所谓社区是指，人类社会活动高度集中的地域空间。它是由居住在一定地区、具有共同联系和交往的社会群体所构成的社会基本单位。而社区护理就是指以社区为单位，以特定人群为对象，以促进社区居民健康为目标的有计划、有步骤的卫生保健活动。因此，社区护理与家庭护理相比，更具有社会化的特点。当然，广义的社区护理已包括家庭护理。

社区护理是社区护士运用医学护理专业知识，根据社区健康问题的实际情况做出社区诊断，制定社区护理计划。社区护理的基本内容包括：日常生活的援助；健康教育；生活调整；家庭支持；家庭内外环境的调整。它集防病、治病、保健、康复、健康教育、计划生育等六大功能于一体。社区护理是具有高感情投资的工作，与社区人群的利益息息相关，通过促进健康、预防疾病、协助康复、减轻痛苦的各种护理活动，可极大地解决或减轻社区家庭成员生理、心理上的问题和负担。因此，它具有群体性和科学社会化的功能。广义的社区护理由于将家庭护理包含其中，使社区护理在群体服务中又体现个体化的特点。

三、家庭、社区护理的意义及其基本原则

（一）家庭、社区护理的社会意义

开展家庭、社区护理不仅可以解决社区、家庭成员的健康需求，而且对整个社会的发展也具有积极的意义。

1. 适应医学模式转变的需要

随着社会的发展，医学模式已从单纯的生物医学模式转变为生物-心理-社会医学模式，护理学也从简单的疾病护理转变为以整体人的健康为中心的护理。服务的对象不仅包括病人，而且也包括健康的人；服务的场所不仅是在医院，而且也包括社区等所有有人的地方。社区护理的产生，越来越多的护理人员走出医院，走向社区，对社区特定人群开展卫生保健护理工作，这正是适应了新的医学模式转变的需要。

2. 适应社会人口老龄化的客观需要

随着医学技术的进步，医疗保健事业的发展，以及人民生活水平的提高，人均寿命不断延长，使老年人逐渐增多，加上计划生育政策的广泛实施，人口出生率的不断下降，社会人口结构出现了老龄化的趋势。而我国老年人口的增长速度又高于世界平均水平和欧美各国的速度。据联合国预测，1950～2000年期间，世界老年人口增长176%，中国则增长217%；2000～2025年期间，世界老年人口增长90%，中国将增长111%。目前我国老年人口已超过总人口的10%。老年人年老、体衰、行动不便，而且自我调节、适应能力差，易受各种不良因素的影响，是慢性病的主要受害者，他们一旦生病去医院求医很不方便。而在家庭养老仍然是我国养老的基本形式的情况下，社会对以家庭为单位的综合性保健需求越来越迫切。因此，以家庭为单位开展家庭护理，正适应了我国人口结构老龄化的发展要求。

3. 符合人类周期性的特点

人的一生，在正常情况下，大约有三分之一的时间是在家庭中度过的。家庭是人们劳累奔波之后修养生机的场所，如同航行船只的避风港湾。特别是人们退休之后，大部分的时间都消耗在家庭中。俗话说："金窝、银窝，不如自己的草窝。"，人们习惯于按照各自的个性特征、爱好建立起来的家庭环境中的生活。尽管，随着社会经济的发展，人民生活水平的提高和观念的变化，以及社会多层次养老保障体系的逐步完善，各种敬老院、养老院等养老机构的不断建立，进入养老机构的老年人数会日益增多，但是家庭养老仍然是人们习惯选择的养老的主要方式。因此，开展家庭护理使病人置身于舒适的家庭环境中可为疾病的痊愈提供良好的心理基础，也有利于护患关系的改善。

4. 是医疗保健最经济、实用的形式之一

对病人来说，家庭、社区护理与在医院中的治疗护理相比，可节省相当数量的住院费用。因此，这是一种既有用又经济的保健方式，它为需要住院但又缺乏经济支付能力的病人提供了方便。同时，也有效地缓解了城市中看病难、住院难的问题，还减轻了病人家属住院陪护所承受的心理和体力上的负担。

5. 是提高医疗市场占有率的战略需要

随着医疗卫生工作逐渐由计划经济转变为市场经济体制，在竞争机制的作用下，医疗机构的生存和发展面临重大的挑战。不少基层卫生机构的医疗护理活动在竞争中呈现出明显的萎缩趋势，从而造成卫生资源的分布出现极不合理的现象。与此同时，社会发展的工业化和不科学的生活方式使社区居民慢性病的发病率不断上升，这又常常使社区居民因得不到廉价、便捷、方便的医疗护理服务而困惑，整个医疗市场出现了供需失衡的状况。为此，积极开展家庭社区护理，努力开发、占领社区这个广阔的医疗市场，不仅可以解决社区人群的燃眉之急，具有现实的社会效益，而且也提高了基层卫生机构的经济效益。

6. 适应社会对医疗、健康要求不断提高的需要

随着社会的发展，生活水平的提高，人们对健康提出了更高的要求。世界卫生组织对健康的定义是："健康不仅是没有疾病或虚弱，而且是身体上、精神上和社会适应上的完好状态。"这表明，人类健康的标志除生理方面之外，还应包括心理、社会等方面的内容。而实现健康目标的手段，除了医学、护理技术手段和方法之外，还需要心理治疗、行为纠正、营养饮食、健身锻炼、对付应激、自我保健等多种措施。开展家庭、社区护理，正是适应和满足了现代社会人群对健康的新需求。

总之，家庭社区护理有利于国家卫生资源的合理利用；有利于卫生保健知识的传播、普及和人类健康水平的提高；也有利于护理学科内涵与外延的拓宽。

（二）家庭、社区护理的基本原则

开展家庭社区护理应遵循以下几个原则：

1. 以人为本　人是社会存在、发展的必要条件和前提，也是在社会活动中具有能动性、

能独立地思维、判断、处理问题的主体。因此，社区护理应着眼于人的需要，以社区人群的需求作为护理服务的方向和内容，并在护理工作中注意调动护理对象的积极、能动性。

2. 着眼于护理的整体性　一方面，要看到护理对象是生理、心理、社会因素的整体，着重从完整的家庭背景、心理状态、社会因素方面（如职业、婚姻、生活习惯、嗜好、既往病史、性格特征、社会经历等）观察、研究和解决病人及家属现存或潜在的健康问题。另一方面，要看到护理工作的整体性，为社会人群提供从生到死，从健康到疾病的连续性的护理服务。

3. 以家庭、社区为基本服务单位　为社区特需人群提供技术、心理、社会等方面的服务。在服务项目、费用上具有可及性、可用性和可接受性。

4. 服务重点应以预防（特别是一级预防）为主　如卫生知识的宣教、计划生育、主要传染病的免疫接种、环境的综合治理等，努力消除致病的因素。

5. 发扬团队精神　家庭、社区护理的范围较广，工作任务、内容很多，仅靠个人的力量是难以实施和完成的，它需要社区医护人员的团结协作，共同参与。

第九章 妇幼保健的社会性与社会护理

妇幼保健既是医学、护理学的重要组成部分,也是一项社会性、政策性很强的工作,它涉及社会关系、社会行为、计划生育政策和母婴保健法等多方面。做好这项工作,认识、解决与之相关的问题,对树立新的道德观念,完善家庭功能,推动妇幼卫生事业的改革与发展,以及社会的稳定都具有十分重要的现实意义。

第一节 影响妇幼健康的社会因素

有人群的地方就有妇女,就要生育子女。妇女的健康水平必然影响到儿童,而妇幼的健康又涉及生物、心理、社会多种因素。仅就社会因素而言,可归纳为以下几个方面。

一、社会制度与经济状况

妇幼的健康水平与社会制度和社会经济发展状况密切相关。

首先,不同社会制度下妇幼人群的健康水平有很大的差异。旧中国,由于生产力水平很低,社会经济贫困落后,以及封建制度中人们受"男尊女卑"思想的束缚,妇女的社会地位处于最低层,她们不仅在经济上受剥削,而且在政治上受人歧视,毫无健康保障可言。广大妇女、儿童有病得不到及时的医疗,孕产妇死亡率高达150/万,婴儿死亡率城市达120‰,农村则高达200‰。

新中国成立后,妇女的社会地位发生了根本的改变,妇幼健康的水平也有了较大的提高。建国50多年来在社会主义制度下,党和政府十分重视和关怀妇女、儿童的健康,制定了一系列的政策、法规和条例,使妇幼身心健康有了保障。中华人民共和国宪法、婚姻法、母婴保健法、女职工劳动保护规定、中国儿童发展纲要、中国妇女发展纲要等,对保护妇女儿童的问题都有明确的规定。新修改通过的《中华人民共和国婚姻法》规定:"女方在怀孕期间、分娩后一年内或终止妊娠后6个月内,男方不得提出离婚。";"实行婚姻自由、一夫一妻、男女平等的婚姻制度。保护妇女、儿童和老人的合法权益。";"禁止包办、买卖婚姻和其他干涉婚姻自由的行为。";"禁止溺婴、弃婴和其他残害婴儿的行为"等。《中华人民共和国女职工劳动保护规定》(1988)指出,"女职工在怀孕期间,所在单位不得安排其从事国家规定的第三级体力劳动强度的劳动和孕期禁忌从事的劳动,不得在正常劳动日以外延长劳动时间;"等。1980年,卫生部制定的《妇幼卫生工作条件(试行草案)》中,对妇幼卫生工作的任务、专业机构、基层组织、队伍建设及有关政策作了具体的规定。从1983年开始,卫生部与联合国儿童基金会合作,在中国开展妇幼卫生示范县的工作,在此范围内集中、系统地开展妇幼保健工作,并相继在全国建立了许多开展妇幼保健工作的示范县。到1990年,又进一步合作开展了"加强中国基层妇幼卫生、计划生育服务"300个项目县的工作。《中国妇女发展纲要》(1995~2000)和《九十年代中国儿童发展规划纲要》的相继实施,使我国的妇幼工作逐步走上法规化和科学规范的管理轨道。在上述政策、法规的指导下,妇幼卫生工作全面贯彻实施了"预防为主,防治结合,面向基层,面向群体"的方针,从新接生法、妇女病普查普治到围产期保健、产前诊断、新生儿筛查；从儿童"四病"防治到生长发育监测、儿童营养、儿童心理行为及眼、耳、口腔保健；从计划生育技术服务到生殖调节、遗传学研究及应用；从孕妇死亡监测、婴儿死亡率监测到出生缺陷监测等；妇幼保健工作全面展开，不断深入。

通过大量的工作，使我国妇女、儿童的健康状况得到了极大的改善，孕产妇死亡率由1949年的150/万下降到2000年的5.3/万；婴儿死亡率由1949年的200‰下降到2000年的32.2‰；5岁以下儿童死亡率从90年代初的61‰，下降到2000年的39.7‰；5岁以下儿童低体重患病率也不断降低，1990年为21%，2000年降为10%；女性人均期望寿命由解放前的37岁提高到1998年的73.1岁。截止到2000年止，90年代的两个纲要的主要目标均已实现，妇女儿童的生存、发展和保护取得了历史性的进步，并为21世纪妇女儿童健康水平的提高奠定了良好的基础。所有这些，充分展示了我国社会主义制度下妇幼工作逐步深化、扩展的历程。

其次，社会经济状况也制约着妇幼人群的健康水平。在发达国家和发展中国家，由于社会文明程度和经济发展水平的不同，妇女、儿童的健康状况也有很大的差别。相比之下，发达国家中的妇女儿童的健康状况和综合水平较高；而在发展中国家，妇幼健康水平则较低，问题较为严重。这主要表现为高孕产妇死亡率和婴儿死亡率，以及普遍的营养不良对儿童健康和生命的威胁。例如，在西非国家，有20%～30%的15～44岁的妇女死于孕期或产期。又如，全世界每年因感染性疾病（主要是急性上呼吸道感染和腹泻等）而死亡的儿童有90%在发展中国家。目前，国际间将5岁以下儿童的死亡率作为社会发展的重要指标。而在发展中国家，5岁以下儿童的死亡人数每年约有1400万名左右，其死亡率是相当高的。其死因约30%由腹泻引起，约25%来自上呼吸道感染（主要是肺炎）。此外，还有传染病和寄生虫病的因素。而这些疾病都与经济水平低造成的社会生活条件差，包括营养不足、环境卫生差、居住拥挤、缺乏洁净用水等因素有关。有关资料表明，国家的人均国民生产总值与婴儿的死亡率呈负相关，相关系数为-0.781[①]。当然，经济发展与健康状况并不完全呈正比。随着经济水平的提高，对因感染性、传染性、营养不良等疾病造成的健康问题会逐步得到改善或解决，但也会产生一些新的危害妇幼人群的疾病，如肥胖症、心脑血管病等。因此，对制约妇幼健康的经济因素应做具体的分析。

二、婚姻家庭与风俗习惯

婚姻是家庭的基础和"纽带"，家庭是社会的"细胞"，而每一家庭成员又是社会家庭细胞中的成分。目前我国的一般家庭中（就三口之家而言），妇女、儿童占了三分之二的比例。他们的健康、幸福与家庭紧密相连，与社会息息相关。

首先，婚姻家庭中的情感与生物遗传结构是引起许多疾病的根源和影响妇幼健康的重要因素。在婚姻家庭因素中，丧偶给妇女带来了心理上的严重创伤，对妇女健康的影响巨大。据美国对近期丧偶妇女的调查研究表明，居丧可引起人体免疫系统功能的改变，使机体对各种疾病的易感性增强，造成患病率的上升。另外，离婚也是影响妇幼健康的重要因素之一。离婚不仅使家庭结构遭到破坏，而且往往伴随不良的心理效应，既可引起妇女精神心理的问题，也可因单亲的家庭环境影响儿童的心理发育，出现自卑、孤僻等性格的缺陷。同时，还

---

① 周浩礼、胡继春《医学社会学》湖北科学技术出版社，1992年，第185页。

会由此进一步导致躯体疾病的产生。据美国有关资料报道,70岁以下离婚妇女死于心脏病、肺癌、胃癌的比例与其他人相比高2倍;肝硬化死亡率高7倍;高血压死亡率高3倍;离婚妇女的自杀率是正常人的5倍;发生车祸的比例比一般人高4倍。另据日本厚生省统计,离婚与家庭美满的妇女相比,平均寿命减少5年。

其次,社会的风俗习惯对妇幼健康也有重要影响。在一些贫困的边远山区或少数民族地区,旧风俗观念根深蒂固。如近亲结婚现象在某些地区达2%以上,个别少数民族地区甚至高达14%以上。因近亲结婚带来的遗传性疾病、婴儿死亡率比非近亲结婚者高十几倍甚至几十倍。据上海市的调查发现,近亲结婚者的子女20岁以前的夭折率高达13.9%,而非近亲结婚者仅为1.7%。另据美国一份研究显示,堂表兄妹结婚生育的子女死亡率达22.9%,而相应的对照组仅为1.6%①。

另外,一些地区特别是较贫困的农村,由于"男尊女卑"、"夫为妻纲"、"重男轻女"以及封建迷信等旧观念、旧习俗的影响,早婚、包办买卖婚姻、家庭暴力等现象较为严重。有些妇女被迫与身患传染性疾病或生理缺陷的男人结婚,这不仅使自身被疾病感染,而且通过遗传或感染也殃及后代;有些妇女把月经、妇科疾病视为肮脏、见不得人,不注意经期卫生,将月经带藏置阴暗、潮湿、龌龊的角落,并隐瞒病情,导致多种妇科疾病的产生或病情加重;许多妇女产褥期无保健及在"养儿防老、多子多福"思想支配下的过多生育,造成多种疾病缠身;也有的妇女唯夫命是从,在家庭中备受丈夫的欺凌和摧残;还有的地区在"重男轻女"观念影响下,丢弃、虐待女婴的现象时有发生。更有甚者,某些少数民族地区甚至禁止妇女在家中分娩,而由男子抬到牛、猪圈用鞭子抽打助产,认为这可使孩子出生后体格健壮。这些旧式落后的接产方式使妇女、儿童常常发生感染,并因此而丧生。所有这些旧传统、习俗,都严重地损害了妇女、儿童的身心健康。为此,要提高妇女、儿童的健康水平,必须彻底清除旧的传统观念和风俗习惯。

三、职业状况与文化状况

妇女从事的职业及自身的文化水平、修养是影响妇幼健康的又一个因素。首先,职业状况对妇幼健康的影响。妇女与男子性别上的差异,决定了他们在生理上的不同特点。一般说来,妇女不仅在体力上不如男子,而且特殊的生育功能使她们在承受外界不良因素的影响方面,与男子相比也较弱。因此,妇女"能顶半边天"并不意味着她们能和男子一样从事各种职业的劳动。有些职业或工作是不适合妇女从事的。比如,装卸、搬运等过重的体力劳动会加重骶骨负担,使发育期的妇女发育受阻,造成骨盆狭窄或扁平以及内分泌失调;长期采取坐、立、蹲等劳动体位的工作,容易引起骨骼韧带、生殖器官、脊柱等方面的变化,出现子宫变位、脱垂、卵巢机能障碍、月经失调、脊柱弯曲、痔疮等问题;噪音、震动较大的工种可通过影响妇女的中枢神经系统危害卵巢的功能,使女性出现月经失调、痛经,使孕妇腹中胎儿的胎心加快、胎动增加,甚至出现早产的情况;从事有毒有害物品的生产,各种有毒物质如铅、汞、砷、磷、苯等可通过皮肤进入体内,引起妇女生殖系统机能的障碍如月经减少、闭经、流产、早产、难产等,还可通过母体进入胎盘影响胎儿的生长发育,造成胎儿发育迟缓、畸形、死胎以及化学物质导致基因突变经胎盘致癌的问题等。例如,近些年来在多数工业化国家中发现,15岁以下儿童的死亡人数中,恶性肿瘤已成为主要的死因之一②。因

---

① 周浩礼、胡继春《医学社会学》,湖北科学技术出版社,1992年,第191页。
② 周浩礼、胡继春《医学社会学》,湖北科学技术出版社,1992年,第188页。

此，为保护妇女、儿童的身心健康，社会应针对妇女"五期"（即月经期、妊娠期、产褥期、哺乳期和更年期）的生理特点，切实加强对妇女的劳动保护措施，在妇女就业问题上充分考虑她们的特殊生理状况，让妇女从事体力负重适当、合理的工作。

其次，妇女科学文化水平对妇幼健康的影响。一般说来，科学文化水平较高的妇女比较重视自身的健康保健和优生优育，注意学习相应的医疗卫生保健知识，讲究妇幼保健的科学性，这对妇女、儿童的身体健康必然具有促进作用。相反，在我国边远贫困地区的一些妇女，由于文化很低，甚至没有文化，她们观念陈旧，受封建迷信思想的毒害很深，缺乏基本的卫生知识和科学的卫生习惯；不了解自身健康对后代的影响，不懂得优生优育的重要性；不注意经期、孕期、产期的卫生保健，甚至有病不求医，而是求仙问巫等；极大地影响了妇女、儿童的健康，降低了人口的质量。根据大量的调查研究发现，吸烟孕妇的死胎和自然流产率比非吸烟孕妇高一倍，早产儿高1～2倍，婴儿畸形率也很高。而且一般来说，婴儿体重也比非吸烟孕妇要轻[①]。为此，大力开展对妇女的教育，不断增强她们的科学文化素质和自身的保健意识，有利于提高妇幼的健康水平。

第二节 对妇幼人群的社会护理

一、对妇幼人群社会护理的意义

保护妇女和儿童的身体健康是党和国家的基本方针，也是妇幼卫生事业的崇高宗旨。因此，加强妇幼保健工作，做好妇幼人群的护理，不仅仅是护理学的问题，而且还具有重要的社会学意义。

（一）妇幼保健工作关系到人类繁衍和民族兴旺

目前社会人口中，妇女儿童人口的基数很大，约占世界人口总数的三分之二。妇女儿童的生存状况和健康指标，反映着一个国家的总体国民健康水平、社会文明程度以及民族未来发展的潜力。因此，妇女儿童的生存、保护和发展是人类社会发展的先决条件。

首先，儿童是一个民族、国家的希望，儿童的健康成长关系到一个民族的命运、国家的前途和社会的未来。因此，党和国家将"提高全民族素质，从儿童抓起"作为我国社会主义现代化建设和发展的根本大计。

其次，儿童的健康水平与其母亲的身体状况又有着密切的联系。妇女是人类社会的半边天，人类的物质文明和精神文明是由妇女和男子共同创造的，她们与男子一样，都可成为社会进步的推动者。不仅如此，妇女还为人类的生存、繁衍做出了特殊的贡献。一个社会如果没有妇女，人类的生存、延续，社会的存在和发展都是不可能的。社会中妇女的数量、质量对人类的繁衍、民族的兴旺和社会的进步，具有十分重要的作用。

为此，当今世界各个国家对妇女、儿童的保健问题越来越重视，"儿童优先"、"母亲安全"已成为国际社会的共识。

（二）妇幼保健有利于优生优育以及提高人口素质

人类的繁衍，民族的兴旺，与其妇幼保健工作的高水平密切相关。所谓妇幼保健的高水平是指，通过各种保健措施使社会人口的繁衍达到优生优育，从而提高社会人口的质

---

① 周浩礼、胡继春《医学社会学》，湖北科学技术出版社，1992年，第190页。

量水平。

发达国家及我国的发展史证明,在未来社会科技发展的竞争中,谁能最有效地提高人口素质,谁就掌握了促进人类走向进步的钥匙。所以,提高人口素质是中华民族乃至整个世界亟待解决的战略性问题,它已引起我国政府及各族人民的极大关注,而推行优生优育政策正是这种战略的具体体现。

目前全世界已经发现的遗传疾病有 4000 余种,包括各种畸形、耳聋、痴呆、先天愚型、血友病、苯丙酮尿症、先天性心脏病、无脑儿、脊柱裂等。根据国家统计局的资料,我国目前有残疾人 5100 多万,占人口总数的 4.9%,其中以聋哑、痴呆、综合残疾和精神病患者占绝大多数。另外,根据全国三十个省、自治区、直辖市出生缺陷的监测,全国出生缺陷总发生率 1987 年为 13.07‰,个别省份达到了 20‰。若以此推算,每一亿新生儿当中,就会有缺陷者达 200 万[1]。由于孕期保健、优生工作的开展,出生缺陷发生率 1995 年下降到 9‰ 左右。据统计,我国每年大约有 26000 个先天愚形患儿的出生,他们约占正常出生儿的 1/750。如将另一些有出生缺陷的畸形儿加在一起,每年大约是 30~40 万,约占正常儿童的 4%~6%[2]。这些残疾儿和缺陷儿不仅自身终生痛苦,而且给社会和家庭带来沉重的负担。我国人口众多,地域广阔,经济文化发展很不平衡,在老少边穷地区,近亲结婚的陋习依然存在,劣生多育现象也很严重。所有这些,都严重影响着我国人口素质的提高、经济的发展和生活水平的改善。因此,在我国妇幼保健工作中开展优生优育、提高全民族素质的任务还十分艰巨。

优生优育、提高人口素质的关键是以预防为主。为此,积极开展妇幼保健工作,做好以婚前卫生指导、咨询、检查为内容的婚前保健和以母婴保健、孕妇保健、幼儿保健、新生儿保健为内容的孕期保健指导,认真贯彻《中华人民共和国母婴保健法》,用法律手段保证优生,尽早发现异常,控制、减少劣生,才能确保和提高我国社会人口的质量。

(三) 妇幼保健是实现世界卫生战略目标的重要措施

随着全球经济的迅速发展和社会的进步,妇幼保健工作已经发展到了一个新的历史时期。"2000 年人人享有卫生保健"这是世界卫生组织(WHO)在上个世纪提出的世界卫生工作的战略目标。由于妇女、儿童占世界人口基数的三分之二,世界卫生战略目标的 11 项卫生状况指标中,就有 7 项与妇幼保健有关。因此,妇幼卫生工作的成效与否,妇女、儿童的健康状况如何,直接影响着世界卫生工作战略目标的实现。

为实现这一战略目标,我国政府已做出承诺,力争在 2000 年或更早一些时间实现这一战略的部分目标。为此,相继制定了《中国妇女发展纲要》(1995~2000)、《九十年代中国儿童发展规划纲要》(1992.2)、《中华人民共和国母婴保健法》(1995.6)、《中国计划生育工作纲要》等一系列法律、法规和规章。通过对各种法律法规的贯彻、实施,使包括婚前保健、孕产期保健、新生儿疾病筛查、出生缺陷监测与干预等一系列保健服务在内的妇幼卫生工作逐步纳入法制的轨道。

随着妇幼保健工作的逐步深入和扩展,妇幼保健服务的网络已遍布城市和相当数量的农村,服务内容随着群众的保健需求不断增加和延伸,医疗技术日新月异,重点学科不断加强,新的科研成果不断得到应用和普及,严重危害妇女、儿童健康的常见病和多发病,如儿童破伤风和重度营养不良症等基本上得到控制,使妇幼的健康状况进一步得到改善和提高。

---

[1] 刘筱娴《妇幼卫生管理学》,科学出版社,2000 年,第 172 页。
[2] 引自《北京青年报》99.11.20。

与此同时，为更好地贯彻上述法律法规，在妇幼保健中重点加强了机构评审工作，使妇幼保健机构从内涵建设、人员素质、技术水平、服务质量等方面的提高得到了保证。爱婴医院的创建和努力，使孕产妇、婴儿死亡率逐年下降，爱婴意识已深入人心，成为妇幼工作者的职业道德准则。目前，我国特别是北京、上海等大城市的妇幼保健工作已取得了历史上的最好成绩，达到了《九十年代中国儿童发展规划纲要》和《中国妇女发展纲要》的指标要求。所有这些努力，为实现我国政府的国际承诺奠定了良好的基础，为世界卫生工作战略目标的实现，做出了应有的贡献。

二、对妇幼人群社会护理的基本措施

妇幼工作既是预防医学的一部分，又不同于一般的预防医学，它是以保健为中心，以妇幼群体为服务对象，又照顾个体的特殊需要。妇幼人群的社会护理包括：建立、健全妇幼保健机构；注重对妇幼人群的健康教育和保健指导；加强对妇幼人群常见病、多发病的普查、防治等等。

（一）建立健全各级妇幼保健机构

妇幼保健机构组织是根据妇幼人群的特点，按照党和国家保护妇女儿童的法律法规及有关方针政策，并适应开展妇幼保健工作的需要而设立的。特别是我国在落实《中国妇女发展纲要》和《九十年代中国儿童发展规划纲要》过程中，根据不同地区的实际情况，使预防与医疗相结合，保健与临床相结合，形成了与妇幼保健工作相适应的、具有妇幼保健工作特色的专门机构，促进了妇幼保健组织的完善。

1. 国家卫生部设基层卫生和妇幼卫生司；地方妇幼保健机构按行政区划设置，省、自治区、直辖市设妇幼保健院；地、市（州、盟）设妇幼保健院（所）；县（市、区、旗）设妇幼保健院（所）。

按照机构编制标准，各级妇幼保健机构均本着精简和提高工作效率的原则，按照院（所）科（室、组）两级管理体制，设置与其功能和任务规模相适应的内部机构。这些机构均是防治结合的卫生事业单位，受同级卫生行政部门的领导，其业务受上一级妇幼保健专业机构的指导。

2. 为保证妇幼保健机构功能和任务的落实，各级妇幼保健机构还按标准设置一定数量的床位。省级妇幼保健院一般设床位200～300张；市级设床位50～100张，县级设床位30～50张。

3. 各级妇幼保健机构可根据地区的人口数量、工作任务的多少确定相应的人员编制，并注意卫生技术人员的结构配比。省市级妇幼保健机构应有主任医师、副主任医师、主治医师、医师；护理人员应有主管护师、护师、护士。医护人员比例为1：2。同时，还要注意在职人员的继续教育，以不断提高专业技术水平。

4. 各级妇幼保健机构的任务应以保健为中心，面向基层，面向群体。护理人员应与医生共同负担保健、临床、科研、教学、健康教育等任务。护理人员要在婚前检查、围产保健、计划生育、助产工作、母乳喂养、儿童保健、健康教育等方面充分发挥自己的作用。

（二）注重对妇幼人群的健康教育和保健指导

妇女的健康教育和保健指导可分为月经期保健、婚前期保健、孕前期保健、孕期保健、围产期保健、更年期保健等等。

1. 月经期的社会保健　月经是女性身体发育趋于成熟的一种生理现象。月经的初潮年龄受气候、营养状况等因素的影响，我国女性一般为12～18岁之间，多数在13～15岁。月经期的保健主要包括：

第一，注意经期卫生教育。受封建传统观念影响和卫生知识的缺乏，不少妇女把月经看作是肮脏的，称之为"倒霉"。有些少女月经初潮时羞于见人，甚至惊慌失措。落后、贫困地区的妇女经期使用不洁净的纸、布，以致造成生殖器官的感染，这不仅影响妇女的身心健康，还会影响到生殖功能。为此，应加强经期卫生知识的宣传，转变妇女的陈旧落后观念。

第二，完善经期的社会保健。妇女经期受环境、精神因素包括寒冷、情绪紧张、劳累等方面的影响，可引起月经紊乱。为此，妇幼保健工作应积极开展经期保健教育，呼吁、配合社会有关部门落实有关改善妇女劳动条件、禁止安排女职工从事女性禁忌的工作和劳动，建立、健全女职工劳动保护措施等制度和政策法规。同时，加强对女职工劳动保护用品的科研开发，纠正、打击生产、销售不合标准的卫生巾、纸等妇女保健用品的现象。

2. 婚前期的社会保健　婚前期，由于女性生理、心理已趋成熟、完善，出于对自身发育的好奇和对异性的追求，使得这一阶段出现许多复杂的社会保健问题。

首先，性知识的缺乏。国外性教育多于中小学开始，而我国由于长期受传统习俗的影响，对性教育从家庭到学校多采取回避的态度，使得女性步入青春期后，虽然出现相应的生理心理变化，但因性知识的匮乏，往往使一些人作出两种相反的反应。一种是对男性及其求爱行为产生反感、厌恶，并常常为此延误婚恋乃至独身一世；另一种则盲目追求、崇尚性开放，致使在尚无爱情和婚姻基础上，过早产生性冒险行为。这两种行为都给婚前妇女身心健康带来极大伤害。妇幼工作有责任普及性知识，破除对人体、异性的神秘感。

其次，婚前孕的问题。婚前性行为产生的婚前孕是不容忽视的社会保健问题，它给女性造成了身心伤害和恋爱、婚姻、家庭的挫折，也给社会带来许多不安定因素。这主要表现为，一些婚前孕女性出于种种原因，不敢到正规医院行流产手术，而私下求医或以偏方自行堕胎，一旦处置不当往往造成大出血、子宫破裂、继发不孕、习惯性流产，甚至导致失血性休克或感染性休克而死亡等严重后果。这是在新形势下妇幼保健工作中的一大社会问题，需要综合治理，包括对婚前妇女加强正确恋爱观的教育和有效保护自身的卫生知识，以及配合有关部门加大对无照行医的打击、制止私自堕胎等等。

3. 孕前期的社会保健　优生优育是我国的一项基本国策，它关系到家庭幸福与人类的未来。因此，孕前期的社会保健也十分重要。其具体措施如下：

第一，大力加强对近亲结婚危害性及我国《婚姻法》关于禁止近亲结婚法规的宣传教育。使广大社会人群充分认识近亲结婚的危害性，从根本上杜绝或减少此现象的发生。

第二，作好婚前准备必要性的宣传及婚前的检查、指导。使人们认识到，婚姻是两性的结合，后代的身体素质与夫妻双方的年龄、健康状况及遗传因素密切相关。(1) 年龄因素：研究表明，未满20岁或超过35岁的母亲所生的新生儿体重较轻、体质较差，子女染色体异常的几率也较高。因此，选择适宜的结婚、生育年龄很重要。(2) 健康状况：应认识有些疾病，如急性肝炎、肾炎、性病、活动性肺结核、心脏病等严重的慢性疾病在治愈前不宜结婚。否则，不仅影响夫妻双方的健康，而且还会秧及后代。(3) 遗传因素：应认识患有某些遗传性疾病如精神分裂症，或家族、近亲中有严重的遗传病及遗传致病基因者也不适宜结婚、生育。因此，要保证优生优育，在择偶、结婚前必须对上述因素加以考虑。

同时，还应使人们认识到婚前检查对家庭和睦以及夫妻、后代健康的重要性。它可以及时发现男女双方生殖器官的疾病和缺陷，如女方的处女膜闭锁、阴道畸形及男方的包茎、尿道下裂等，以便及时治疗；也可帮助查找遗传性疾病，避免日后婚姻的不幸；还可得到婚前性卫生知识及计划生育的指导。

第三，作好孕前准备的社会保健，使人们了解和掌握生育的最佳年龄和时机。在生育年龄上，青年夫妇一般应以婚后2～3年较为适宜。这不仅有利于国家控制人口增长；也有利于夫妇婚后的缓冲，避免经济、精神上的过分紧张；还有利于女性生殖器官及骨骼的发育。受孕最佳时机应选择：身体状况良好、心情愉快，工作、生活环境未接触有害物质或药物避孕停药半年以上的情况。同时，还应避开疾病多发的冬末春初季节。否则，一旦感染疾病，容易造成胎儿的畸形。

4. 孕期的社会保健　第一，严格遵守并加强对《母婴保健法》的宣传教育，杜绝因重男轻女导致的人工流产、堕胎等现象，以保证我国人口男女比例的协调发展。《中华人民共和国母婴保健法》第三十七条规定："从事母婴保健工作的人员违反本规定，出具虚假医学证明或者进行胎儿鉴定的，由医疗保健机构或者卫生行政部门根据情况给予行政处分；情节严重的，依法取消执业资格"。对此，妇幼工作者不得有丝毫的违背。

第二，根据围产医学的要求，系统地做好孕期保健工作。其具体内容分为三期：第一孕期，主要注意优生保健，预防流产和先天性缺陷儿的产生，并使孕妇按时接受产前检查；第二孕期，指导孕妇加强营养膳食管理，促进母乳分泌，指导乳房护理及婴儿物品的准备；第三孕期，主要是预防早产。在孕期保健中，要特别注意对高危孕妇的观察和护理。

第三，在产期保健中，应以提高产科质量为中心，严格执行消毒无菌制度，密切观察产程，积极防治产时并发症与合并症，保护产妇和新生儿的健康，降低母婴死亡率。首先，提倡和宣传住院分娩。住院分娩有利于及时处理产时出现的各种异常情况。其次，加强产科和产房的建设与管理。产房应备有常用的器械、敷料和一定数量的急救药品。各妇幼保健机构必须建立健全产科业务管理制度、接产常规等，使工作人员有章可循，保证产科的质量。再次，严格执行《家庭接生常规》，认真观察产程，正确处理分娩，防产时并发症。最后，重点抓好"五防""一加强"。防滞产、防感染、防产伤、防出血、防窒息和加强对高危产妇的分娩监护。

5. 围产期的社会保健　第一，注意产后的家庭访视。访视内容除各种产褥检查、护理外，还应进行产褥期的卫生及计划生育的指导。第二，注意对新生儿期低体重儿、早产儿及多胎儿的健康指导，包括喂养、保温和各项护理的指导。第三，注意对新生儿期产伤窒息儿及生理、病理性黄疸的鉴别、护理的保健指导。

6. 更年期的社会保健　处于更年期的妇女由于体内雌激素水平的降低和神经功能的改变，出现更年期综合征。如月经紊乱、面部潮红、盗汗、心慌、骨质疏松、心血管疾病、生殖系统癌症发病率增加等。不少妇女缺少更年期的卫生指导，对出现的症状焦虑不安，影响了工作和家庭生活。对此，应加强对更年期妇女的保健知识的宣传、指导，帮助使她们顺利渡过这一时期。

儿童保健包括对儿童生理、心理健康发育的教育和指导。具体包括：

1. 宣传提倡母乳喂养，指导无奶、缺奶的母亲人工、混合喂养及及时添加辅食的方法。

2. 宣传儿童生长发育各阶段的特点，对他们生长发育中出现的问题及时加以指导。

3. 教育父母培养儿童良好的卫生习惯和科学、规律的生活方式，包括饭前便后洗手、按时作息、饮食定时定量、适当的身体锻炼等。

4. 使父母了解儿童生病的特征、表现，以便及时发现、早期治疗，避免延误病情。

5. 与幼儿园和学校及防疫部门密切配合，建立儿童卫生防疫档案，定期为儿童进行预防接种和其他预防保健措施。

6. 重视儿童的心理教育和智力的开发。对正常、超常、低常等不同层次的儿童采取相应的心理指导和帮助。促进一般儿童身心的更健康发展；促进超常儿童的早期教育和智力开发；通过各种医疗性心理措施，促进、鼓励低常儿童克服心理上的障碍。同时，注意与儿童不同生长期的生理特征相应的心理特点，促进儿童个性心理品质的正常发展。

（三）加强对妇幼人群常见病、多发病的社会防治

做好妇幼人群常见病和多发病的社会防治，是妇幼社会保健的重要内容。

1. 妇女常见病、多发病的社会防治

危害妇女健康的常见病（如月经紊乱、生殖器官各种炎症、损伤、肿瘤等），与旧传统习俗、不良卫生习惯、缺少劳动保护等各种社会因素密切相关。因此，妇幼保健工作以预防为主，应重视社会学措施对妇女常见、多发病防治的作用。

首先，在妇女常见病、多发病的普查中，不仅要了解各种疾病的发病率，而且也应了解、掌握发病的社会性病因，以提示人们疾病预防的社会学措施的重点和方向。例如，解放初期引起妇女产褥感染、死亡的主要原因是旧法接生，要从根本上对此进行防治，就必须通过社会手段大力宣传、推广新法接生。改革开放以来，妇女疾病的普查普治工作在全国迅速展开，通过对不同年龄、职业、工种的妇女进行的疾病监测、研究以及早发现、早诊断、早治疗，不仅使发病率明显降低，治愈率升高，而且也为我国进一步健全、完善保护妇女的各种法律、法规提供了依据。

其次，对妇女常见病的治疗应考虑社会效果。如分娩过程处理不当，产道撕裂未及时、较好地缝合，可能会影响今后的夫妻生活，甚至因此而导致家庭的破裂；对子宫、卵巢的摘除也应权衡利弊，既考虑对病人健康的影响，也要考虑对其今后生活的影响。

再次，对妇女常见病的社会防治应采取多种多样的手段。如保健咨询、妇女健康热线、电视讲座、定期定点普查、社区保健人员的入户健康指导等等。通过这些方式，使妇女认识卫生习惯与健康的密切关系，自觉改变产生妇女疾病的不良生活、行为习惯，提高了自身的保健能力。

2. 婴幼儿常见病、多发病的社会防治

婴幼儿常见病包括：婴儿腹泻、肺炎、急性哮喘、弱视、营养性贫血、佝偻病、龋齿及各种流行性传染性疾病如白喉、麻疹、脊髓灰质炎等。其社会防治措施具体如下：

首先，从新生儿疾病筛查入手，加强对婴幼儿保健的系统管理。可建立新生儿疾病筛查中心，规范各种管理办法，确保疾病的筛查质量，并对查出的患儿进行及时、有效的治疗，最大限度地减少先天性残疾儿的发生。

其次，在儿童保健内容方面，实施包括常见病防治、营养评价与指导、智力发育与监测、心理咨询、听力检测、弱视矫治、口腔保健等综合性保健服务。

再次，建立健全各种儿童保健组织及规章制度，使儿童的健康保健规范化。例如，北京、上海等大城市建立了"儿童生命监测网"和儿童保健技术指导站（组），制定了儿童定期体格检查和各种工作规章制度。通过防治并举，使这些地区的小儿佝偻病、营养性贫血、龋齿等儿童常见病的发病率大幅度下降，儿童健康素质明显改善。

当今人类已进入21世纪，前瞻社会时代发展及人民群众的需要，我国政府已将妇幼作为重点保护人群列入中国21世纪卫生工作发展规划之中，这将促使全国多层次的妇幼卫生服务体系不断完善，也会使妇女儿童的健康和生活质量得到进一步的提高。

第十章　老年保健的社会性与社会护理

随着社会的发展与进步，中国将迈入人口老龄化国家的行列，如何提高老年人的生活质量和健康的预期寿命，以及怎样解决由于人口老化所带来的各种社会医学问题，日益受到人们的关注。

第一节　中国人口老龄化的趋势

一、老年期的界定

1. 老年期界定的含义

老年期的界定可分为主体界定和社会界定。主体界定是指个人通过感觉和体验对自己是不是老年人的界定。然而，年龄的本质是社会年龄，因此老年期的界定应以社会界定为标准，主体界定只能作一定的参考。

社会界定主要指群体的社会界定，这种界定主要出于对社会经济发展、人口发展和预期寿命等方面的考虑。

从社会年龄上看，同一个日历年龄，过去、现在和将来的含义各有不同，因此老年人的年龄界定在不同的时期是不同的，过去的老年人在现在看来可能是中年人，而现在的老年人，在将来也可能是中年人或青年人。因此，随着人类寿命的延长，人类的整个生命过程也延长，这必然使老年人的起点年龄提高。

2. 老年期社会界定的标准

目前，国际上老年人社会界定的标准主要有两个：一个是在 1956 年联合国推荐的 65 岁；另一个是 1982 年世界老龄问题大会上推荐的 60 岁。前者一般被发达国家所采纳。后者则被大多数发展中国家所接受。1980 年 11 月 30 日国际老年学会亚太地区第一次会议规定，60 岁以上为老年人。我国 1964 年第一届全国老年学与老年医学学术研讨会规定，60 岁为老年期，这一规定一直沿用至今。

二、中国人口结构老龄化的现状和趋势

新中国成立以来，我国的人口经历了从高出生率、高死亡率、低增长率，到高出生率、低死亡率、高增长率，继而再向低出生率、低死亡率、低增长率的转变过程，特别是由于计划生育政策的贯彻实施，出生率大幅度下降，尤其是改革开放以来，由于经济的高速发展，人民的生活水平显著提高，使我国人口的平均寿命不断延长，这必然使人口年龄结构由年轻型转向成年型，并迅速向老年型过渡。

1982 年之后，我国人口老龄化日趋严重，到 1998 年底，我国 60 岁以上老年人口比重已达到 9.07%。而到 1999 年 10 月，全国 60 岁以上老年人口已占总人口的 10%，开始进入了老年型社会。

目前，中国的老年人口占世界老年人口总数的 1/5，并以年均 3% 的速度增长，预计到

2010年60岁以上的老年人将占全国总人口的12.06%,到2030年我国老年人将达到3.36亿,超过全国总人口的20%。到2040年将达到4亿,占世界老年人口的1/4,即全世界每4名老年人口中,就有1名为中国人,老龄化程度将达到最高峰。根据推测和分析,2010年至2040年是中国人口老龄化速度最快的时期,老年人口比重上升之快,是以往经历过老龄化过程的世界各国所罕见的。在这段时间里,中国的老龄问题将面临极为严重的挑战。

三、中国老年人的健康状况和疾病特征

(一) 中国老年人的健康状况

目前,我国老年人的健康情况不容乐观。据部分地区的调查情况显示,60岁以上的老年人未患疾病的很少,绝大多数患有3～4种甚至7～8种老年慢性疾病。1993年国家有关部门的调查表明:我国老年人两周患病率和慢性病患病率分别为25%和54%,60岁以上老年人的残疾率为16%。而老年人的因病卧床率60～69岁占3.16%,80岁以上达到了4.3%。另据1999年上半年国家有关卫生部门公布的资料表明,我国老年人目前患病最高的是:高血压、冠心病、糖尿病和脑卒中,其中60岁以上的高血压患者约4000万,患病率约为33.3%。60岁以上的冠心病患者约1800万,患病率约8.0%。另据流行病学调查测算,全国每年约发生脑卒中120万～150万人,死亡80万～100万人,目前全国有脑卒中致残者约500万～600万人,其中绝大部分是老年人。除此之外,老年痴呆、恶性肿瘤、肺部感染、骨质疏松、前列腺增生等疾病也有较高的发病率、死亡率和致残率。

(二) 老年疾病的基本特征

1. 多种疾病共存

老年人患病不同于年轻人,病情比较复杂,且往往是两种以上疾病同时共存。例如,高血压患者往往同时患有冠心病、糖尿病等。

2. 症状不典型

由于老年人多种疾病共存,这就容易造成症状不典型。另外,由于老年人敏感性降低,对疼痛的反应较差,体温调节能力差,因此对疾病的自我感觉症状比较轻微。如心肌梗塞、肠穿孔等,可能仅有轻微不适,没有明确的主诉。

3. 发病快、病程短

由于老年人的脏器功能低下,机体的代偿能力和应激能力弱,因此,一旦发病,病情容易迅速恶化,使原本功能低下的脏器迅速衰竭。

4. 容易出现意识障碍

由于老年人普遍存在着脑血管硬化的问题,因此无论他们患什么疾病包括血压的改变、感染、毒血症及水电解质紊乱等,都易发生意识障碍。意识障碍的出现,给老年病人的诊断和治疗带来了困难。

5. 易引起水电解质紊乱

老年人的口渴中枢敏感性降低,饮水量少,脏器、组织均呈萎缩状态。当发生出汗多、进食少或腹泻等情况时,比青年人或成年人更容易引起水和电解质的平衡失调。

6. 易发生全身衰竭

老年人活动减少,卧床较多,消耗降低、食欲减退,新陈代谢失调,身体内环境失衡,抵抗力明显下降,一旦患病,就容易出现恶性循环,引起全身衰竭。

7. 易发生后遗症和并发症

老年人本身体质虚弱,加上病后恢复慢,多坐卧休息,缺乏活动,很容易引起肌肉萎缩或挛缩。如果局部组织长期受压,还可以引起褥疮、静脉血栓、肺栓塞和坠积性肺炎。另外,很多老年病的并发症也严重威胁着老年病人,如糖尿病患者可并发肾脏病、眼部疾病、心脏病、高血压、脑血管意外、皮肤感染、神经系统疾病等多种并发症。

8. 对治疗的反应不同

老年人对药物的反应不同于青壮年人,个体差异较大,容易出现不良反应。

第二节 影响老年人健康的社会因素

一、社会角色地位变化对老年人健康的影响

人们步入老年,都将面临离休、退休,这是人的社会角色的重大变化,也是人生中的重大变动。能否正确对待和适应这一改变,对老年人的健康具有重要的影响。

离退休后,人们在生活环境、生活节奏、生活内容、社会地位、经济收入、人际交往等方面都会发生较大的变化,失去原来角色的权利和在职期间的人际关系与情感,改变几十年所形成的行为模式。这必然会因此而产生空虚失落感。即使是对离退休有较充分思想准备的人,一旦离开了工作几十年的岗位,心情也会非常复杂。过去在较大的生活空间中,有明确的工作任务、工作时间,有广泛交往的社会环境,而离退休后,在狭小的家庭环境中,似乎一下子失去了生活的目标,每天无所事事,闲散、平淡、单调的生活成了使之心情不安的心理负担。失落感、自卑感会随之而来,并因此而出现烦躁、抑郁、空虚、忧虑、焦虑的情绪,甚至产生抑郁性神经官能症以及更严重的身心疾患。

二、社会交往对老年人健康的影响

和谐的人际交往是人类的基本需求,在马斯洛的人的需求理论中,归属和爱以及尊重的需求都建立在和谐的人际交往基础之上。没有和谐的人际交往,就谈不上归属和爱,更谈不上被别人尊重。由此可见,社会交往需求是人的基本需求之一,如果这一需求得不到满足,就会造成人格的缺陷。

在影响老年人心理的若干因素中,社会交往是对老年人心理影响最大的因素。因为社会互动对不同年龄的人来说都具有同等的价值、意义,只不过参与社会活动的形式和内容不同而已。事实证明,在社会活动中越活跃,社会交往越广泛的老年人,生活、精神上越容易得到满足。而很少参与社会活动,缺乏社会交往,终日局限在家庭小天地中的老人,容易产生被社会遗弃、冷落、悲观、孤独的心态。久而久之,对老年人的身心健康会带来严重的危害。

据美国科学家对 2700 多人进行的为期 14 年的观察研究发现,孤独、寂寞、缺少社会交往的人,比有社会交往的人的死亡率高 2.5 倍。

三、婚姻家庭对老年人健康的影响

老年人离退休后,生活环境和范围主要是家庭。因此,老年人的婚姻和家庭的状况对其健康产生很大的影响。

(一)夫妻矛盾是影响老年人健康的重要因素

夫妻关系是家庭人际关系的核心。人们在离退休之前，由于大部分时间和精力用在工作上，所以夫妻关系的矛盾与问题常常不容易显露或突出。而离退休之后，人的绝大部分时间将在家庭中渡过，夫妻朝夕相处，加上角色、环境变化带来的情绪烦躁、孤僻多疑等心理障碍，会使过去没有出现、暴露、突出的矛盾和问题，产生、显露、突出出来，有时还可能激化，从而严重影响夫妻关系，甚至造成夫妻感情的破裂、离异。

夫妻矛盾对老年人造成的心理创伤是严重的。据老年人精神疾病患病率的调查发现，无配偶者的发病率比有配偶者高，其中以离婚者为最高。

（二）丧偶是给老年人造成严重精神创伤的应激原

很多老年夫妻，几十年甘苦与共，相依为命，相互关怀，相互照顾，一旦一方突然不幸去世，必然使活着的另一方陷入极度的悲伤，甚至终日呆坐，不思饮食。据国外调查资料显示，丧偶老年人的各种躯体疾病和精神疾病要比有配偶的老年人明显增多。

（三）家庭环境是影响老年人安度晚年的重要客观条件

家庭环境包括家庭成员关系、经济状况等。如果家庭成员和睦，彼此尊重，相互照顾，会使老年人生活愉快，心胸开朗。反之，家庭成员关系紧张，老人得不到尊重，或经常使他们为家庭中的吃、住或老伴生病，子女的升学、工作安排、婚姻等等问题所困扰而劳心伤神、担惊受怕、焦虑不安，就会对老年人的健康造成威胁。

四、不良生活方式和膳食结构对老年人健康的影响

随着社会的发展，我国老年人的疾病谱和死亡谱发生了根本的变化。其主要死因，已由传染病和营养不良等疾病转变为高血压、冠心病、糖尿病、脑卒中、恶性肿瘤等等。而这些疾病均与不良的生活习惯及膳食结构有关。

1. 缺少适量的运动

"生命在于运动"，这是人们普遍了解的道理。而老年人退休后，生活的闲散必然使之失去原有的规律性。如不能合理地安排生活，睡眠、休息多，不进行适量的运动，长此下去就会使新陈代谢减弱，食欲不振，消化不良，心缩无力，身体素质逐渐下降，出现组织器官的退行性变化，功能下降，加快衰老的进程。

2. 不良的生活习惯

进入老年期后，人体的脏器功能、身体素质、免疫能力均呈下降的趋势，如果不注意对某些不良生活习惯的节制，就会对老年人的健康造成极大的威胁。如吸烟可使血压升高，影响肺功能，还可以诱发癌症；大量饮酒，可加重心、肝、肾的病变等等。

3. 营养不均衡

据调查，在不少老年人中，存在着一种观点，即认为膳食结构合理与否，对年纪大的人已不很重要，活一天赚一天，想吃、爱吃什么就吃什么。其实，这种想法不仅错误，也是极为有害的。人无论年龄多大，要维持正常的生命活动，都需要均衡的营养。食物中的维生素、矿物质及蛋白质、脂肪、糖、纤维素等物质的缺乏，或失去平衡，都可能造成人体内环境的不良，免疫力的下降，从而对老年人的健康造成危害。

第三节　对老年人健康的社会护理

一、加强对老年人的健康教育和自我护理的指导

随着社会生活水平的提高，老年人对医疗服务的需求呈现出多元化的趋势，从单一的治病需求，发展到养老、保健、预防、功能恢复、护理等多种需求。因此在大力扩展治疗以外的手段的同时，通过加强健康教育，提高老年人的自我保健意识和能力是一项非常重要的工作。

老年期的常见疾病如高血压、冠心病、糖尿病、脑卒中、骨质疏松等，与不良的生活方式及膳食结构密切相关。通过对老年人广泛的健康教育和护理指导，目的在于使他们对老年期将遇到的各种健康问题提前做好准备，使其自愿采纳健康的生活方式与行为，增强自我保健能力，降低致病的危险因素。具体包括以下几个方面：

1. 使老年人认识、了解老年期多发病的致病因素，以及合理的膳食结构和健康生活方式的内容。例如，肥胖是引起高血压、冠心病、糖尿病的危险因素；烟酒可以致癌并与心血管病的发病有关。从而提高防治疾病的效果。

2. 使老年人在掌握一定健康知识的基础上，做到对疾病的早期发现，以达到早期诊断、治疗的目的，从而大大减少并发症，降低致残率和死亡率。例如，当认识到短暂的脑缺血发作特点时，就可尽早就医治疗以避免发展到偏瘫、甚至死亡的地步。

3. 使老年人通过对疾病的认识，做到对自己健康心中有数，既不会因轻微不适而恐惧，也不会对大病的先兆视而不见，以致延误治疗，造成严重的后果。例如，有些疾病是神经功能性的，而有些病则是器质性的，只有掌握识别方法，才能分清轻重缓急。如是神经功能性的只需清除紧张、激动、焦虑等有关因素，就会自动缓解；而器质性的则必须尽早就医，在医生的指导下，做正规的检查和治疗。

4. 使老年人掌握一些急症的初步急救措施，为医院的专科抢救创造条件、争取时间，以减少病死率。如发现心梗先兆时，应保持镇静、就地休息，并立即服用硝酸甘油片，就可缓解症状，也有利于进一步的治疗。

5. 使老年人在掌握有关疾病的知识后，能在就医时提供可靠的病情资料，帮助医生作出明确的诊断。

二、重视老年人的心理健康

心理健康是世界卫生组织规定的个人健康定义中的一项重要指标。当前，在社会生活水平日益提高、老年人的物质需求基本得到满足的情况下，心理健康对老年人生活质量的影响越来越突出。

现代医学研究证明，人的心理状态与内脏器官的生理变化有密切的联系，在很多疾病的发生、发展过程中，心理因素是重要的致病因素之一。如在心血管疾病、肠胃系统疾病、泌尿系统疾病、呼吸系统疾病和癌症的发病过程中，心理因素都扮演了重要的角色。

老年人作为社会人群中的脆弱者，是心理疾患的高发群体。尤其是身体状况欠佳的老年人，更容易产生悲观、紧张、孤独的情绪，更需要社会和家庭对他们进行心理上的引导和慰籍。

因此，为维护老年人的心理健康，全社会都要关心和重视他们的心理问题，积极地为他们参与社会，实现老有所为，老有所乐创造条件。同时，还应增强子女对老年人的赡养意识，关心、尊重老年人，为他们营造一个和睦、愉快的家庭环境。另外，还应该加强对老年人自我心理的调解，引导老年人做到以下两点：

1. 学习一点老年心理学

老年心理学是老年心理保健的理论武器和指导思想。只有掌握了老年心理学的基本知识，才能主动调节自己的心理状态，更好地适应不断变化的外界环境，保持良好的心理状态，从而提高老年期的生活质量。

2. 树立科学的人生观

老年人加强心理保健，维护心理健康，需要培养良好的心态，消除因离退休后社会角色的改变、社会交往的减少，以及家庭矛盾、经济问题等各种因素造成的不良心态。而良好的心态、心理的健康又以科学的人生观为基础。有了科学的人生观，人就能意志坚强、心胸开阔、乐观豁达，无论遇到何种问题都能正确地对待，始终保持平和的心态。因此，加强老年人的心理保健，维护心理健康，应引导老年人树立科学的人生观。

三、建立以社区为依托，以家庭护理为主的老年医疗保健服务体系

我国步入老年型社会的行列以后，为满足老年人的医疗需求，缓解他们的就医不便，家庭将成为社会最基本的卫生保健机构。老年人的许多医护工作并非都要住进医院由专业医护人员来执行。只要家庭成员掌握一些简单的医护技术，就可帮助老年人解除或缓解病痛。家庭成员参与医护工作，需得到专业医护人员的指导。这样，既使他们学到了卫生知识，也为防病治病提供了良好的宣传场所。同时，也有利于满足老年人不脱离家庭环境完成治疗、护理的心理要求。

另外，随着社会老龄化进程的不断推进，我国的家庭结构正发生着变化。独生子女成年结婚后，分户独立，将使老年型家庭日益增多。而且，由于大多数家庭是独门独户的单元住宅楼，又给老年人外出就医造成很大不便。这就对老年人的医疗保健服务提出了更高的要求。建立以社区为依托，以家庭护理为主的老年医疗保健服务体系，正是迎合了这一需求。护理人员应该适应这种社会需求，跨出医院的大门，步入社区，走进老年病人的家庭，为老年病人提供家庭护理服务。实践证明，老年医疗保健服务体系的建立，不仅深受老年患者和家属以及社会赞誉，而且也拓宽了护理学和护理工作的领域，对护理事业的发展做出了贡献。

四、完善和明确老年预防保健的基本指导原则

80年代初，我国卫生工作提出了慢性病的三级预防原则，即：一级预防，是病因预防；二级预防，是临床前预防，也就是早发现、早诊断、早治疗；三级预防，是临床期预防，即防止病情恶化和防止残疾。而老年期的预防保健已突破了上述三级预防的原则和界限。因为，许多老年期疾病如心脑血管病等，多起源于中青年时期，所以到老年期已失去一级甚至二级预防的机会。为此，在老年期的预防保健原则中，应完善和明确以下几点：

1. 注意对老年期初发的感染性疾病的预防并避免由不合理用药导致的毒副作用的发生。

2. 采取针对性强的有效体检手段，及时发现无症状，隐匿性的恶性疾病的发生，对主要脏器的结构和功能进行监测，使老年期的新发生疾病得到早诊断、早治疗，防止发生病情

恶化。同时，还应注意对原有慢性疾病的控制，注意预测和防止慢性疾病紧急状态的发生。

3. 采用适当的治疗和康复手段，使受损的组织、功能尽可能地得到恢复，降低由各种疾病引起的残疾程度，保护机体的残存功能，并使之得到最大限度的发挥。

4. 特别关注老年病人的症状治疗，尽可能地缓解疾病的各种症状给老年人造成的痛苦和折磨，减缓其心理压力，善终其最后的人生岁月。

第十一章 精神疾患的社会性与社会护理

精神疾患是人类的常见病之一,随着社会的发展日益受到人们的关注。精神病患者是需要特殊关爱的社会人群,其疾患的发生既受各种社会因素的影响,又在不同程度上危害着社会,构成社会问题。加强精神疾患的社会学研究和社会护理,对于精神疾患的预防、治疗和康复,保障全民健康水平,提高人口素质,促进社会的物质文明和精神文明的发展,具有重要的现实意义。

第一节 精神疾患概述

一、精神疾患的概念及发展趋势

(一)什么是精神疾患

精神,是人脑活动的机能和属性,是对外在客观世界的反映。它表现为人的认识、思维、情感、意志、行为及个性特征等等。人类的精神活动是在社会生产实践的基础上产生和发展的。所谓精神疾患是指受内外各种不良因素的影响,人脑机能活动出现异常,人的认识、思维、情感、行为、意志等精神活动产生不同程度障碍的疾病。

精神疾患的种类多种多样,我国以 CCMD-2-R 为标准,对精神疾患分为十大类。

1. 脑器质性精神障碍 包括阿尔茨海默病(AD),脑血管病所致精神障碍(VD),颅脑创伤所致精神障碍,颅内肿瘤所致精神障碍,癫痫性精神障碍,病毒性脑炎所致精神障碍,谵妄状态等。

2. 躯体疾病诱发的精神障碍 包括爱滋病伴发的精神障碍,心血管疾病伴发的精神障碍,代谢性疾病所致的精神障碍,躯体感染所致的精神障碍等。

3. 药物滥用相关的精神疾患 包括酒精所致的精神障碍,药物、烟草依赖所致的精神障碍等。

4. 精神分裂症 包括偏执型、青春型、紧张型、单纯型、其他型和未定型等六种类型,表现为情感、思维和行为的紊乱,并对自身的精神障碍缺乏自知力。

5. 情感性精神障碍(心境障碍) 属于重性抑郁症,包括慢性抑郁症、妄想型抑郁症、快速循环型抑郁症、循环型情感障碍等。

6. 心因性精神障碍(身心疾病) 即由社会心理刺激导致的心理、生理障碍。包括急性应激反应、延迟性应激障碍、反应性精神病、适应性障碍、气功所致精神障碍等。

7. 神经症 由社会、心理因素引起的神经精神过程中兴奋与抑制平衡的失调,未丧失自知力,不具有社会的危害性。包括焦虑症、恐怖症、强迫症、疑病症、癔症等。

8. 儿童少年期精神障碍 包括儿童孤独症、多动症、抽动障碍、抽动秽语综合症、情绪障碍等。

9. 人格障碍、意向控制障碍与性变态。

10. 精神发育迟滞。即由遗传、发育障碍或后天大脑组织受损造成的程度不同的智能低下和社会适应能力的缺乏。

其中，以精神分裂症的患病率为最高，它起病于青壮年，严重损害患者的心身健康，消耗社会资源，带给家庭和社会以沉重的负担及危害。

（二）精神疾患的发展趋势

精神疾患是现代社会严重危害人类健康的疾病之一。随着我国经济的发展，社会主义市场经济体制的日益深入，工业化、都市化、生活方式的变化和社会竞争的不断加剧，以及人口和家庭结构的变化，独生子女、老年人口的不断增加，使社会精神卫生问题日益突出。儿童心理行为问题，大、中学生的心理问题，老年期精神障碍，更年期心理问题，酒精与麻醉品滥用以及自杀等问题明显增多。

据1993年的抽样调查显示：全国自杀死亡率为22.2/10万人。精神疾病的总患病率呈逐年上升趋势，国内各类精神疾病的总患病率已由50年代的2.7‰上升到70年代的5.4‰、80年代的11.1‰、90年代的13.47‰（不含神经症），精神病患者的人数约有1600万。按照国际上衡量健康状况的伤残调整年指标（DALY）评价各类疾病的总体负担，精神障碍在我国疾病总负担的排名中居首位，已超过了心脑血管、呼吸系统及恶性肿瘤等疾患（WHO，1996年资料）。各类精神问题约占疾病总负担的1/5，即占全部疾病和外伤以致残疾及劳动力丧失的1/5[①]。

根据预测，进入21世纪后，我国的精神卫生问题会更加严重。在2020年疾病的总负担预测值中，精神卫生问题仍排名第一。其中老年性痴呆症将成为21世纪的一个突出社会问题。因此加强精神疾患的防治，预防心理和行为障碍问题的发生，已成为我国精神卫生保健工作的一项十分重要和紧迫的任务。

二、精神疾患的社会认识和社会影响

（一）对精神疾患的社会认识

人类对精神疾患的认识，经历了漫长而曲折的过程。早在远古时代，人们把精神疾患看作是鬼神的"附体"或"着魔"。在氏族、部落举行的祭祀活动中，巫婆显示的鬼神作用也作为一种病态表现出来，只是她们可以按照某种目的或需要控制自己而已。在古希腊、罗马的奴隶社会繁荣时期，由于社会生产力和文化的发达，促进了医学的进展，精神病学积累了丰富的资料。希波克拉底在此基础上将精神疾患初步分为癫痫、躁狂症、忧郁症、痴呆症等类型。进入中世纪之后，受宗教神学的束缚，对精神病的认识出现倒退。人们错误地认为躯体疾病是由自然因素引起，而灵魂疾病则是由人的罪恶和魔鬼所致，将精神病人看作是"魔鬼附体"、"疯子"、"罪人"禁锢于牢房般的疯人院内受到牧师、神父、祭司的非人虐待，甚至被活活烧死，以驱除体内的魔鬼。直到近代资产阶级的兴起，反对宗教神学，提倡人道主义，人们对精神疾患的认识才逐渐趋于科学。

随着医学的发展，临床经验的不断积累，许多精神病学家分别从不同的角度，应用生物学、心理学、社会学、遗传学等原理，对精神病的病因、发病机理、种类、治疗方案等进行了深入的研究和探索，积累了丰富的知识和经验。伴随对精神疾病认识的发展，从十八世纪后期开始，人们对精神病患者的态度有了根本的改变，给予人道主义的待遇，施以爱护、尊重、同情和支持，并相继建立精神病院，收容、治疗精神病人，使其恢复健康。

---

① 殷大奎在《中国/世界卫生组织精神卫生高层研讨会上的报告》1999.11.

20世纪上半叶以后，对精神病人治疗环境的认识有了进一步的转变。首先，为缓解病情症状出现了"开放管理"的观点和方法，改变了精神病人"隔离"和"半隔离"的生活状态。其次，对精神病人的防治，扩展为社区的综合防治。在康复医学理论指导下，开展心理咨询与心理治疗，对精神病人实施治疗、教育、职业、社会方面的康复手段，将精神病患者的管理、治疗、康复、就业，视为解决精神疾患社会问题的系统工程。

（二）精神疾患对社会的危害

由于精神疾病会引起病人心理、行为的障碍和异常，因而对家庭的安定，社会的治安、秩序有很大的破坏作用。

家庭是社会的细胞，是人们工作劳累之后恬静的避风港湾，一个健全、温暖、幸福的家庭环境，有利于社会成员的身心健康。而家庭中夫妇任何一方患有精神病，都会影响家庭的正常生活，使应该承担的义务不能履行，还会加重家庭成员的经济、精神负担。与此同时，因病人精神、行为失常产生的破坏活动，使人担惊受怕、忐忑不安，造成家庭的不安定，甚至出现对家庭成员的人身伤害。

精神疾病对社会生产、社会治安、社会秩序的危害也是不容忽视的。首先，精神病患者在患病期间，丧失应有的脑力、体力劳动能力，不能正常地工作、学习，会严重影响个人的社会功能，直接或间接地影响社会生产的发展。其次，精神病人由于对事物的认识、理解、判断出现错误，自控能力减弱或丧失，时常发生冲动、破坏的行为如打人、毁物、自伤、放火、强奸、偷窃、破坏生产、扰乱交通等等，扰乱社会秩序和社会的治安。据国外的有关资料显示，精神分裂症的违法行为，占首位的案件是杀人和伤害；其次为纵火、偷窃、诈骗、强奸等。北京安定医院1984年～1996年对1515例精神病刑事鉴定案的分析，精神病人所实施的社会危害行为以侵犯人身、侵犯财产和妨害社会管理秩序为主，占94.1%。其中，侵犯人身造成伤害、杀人后果的，占刑事作案总数的57%。精神发育迟滞者作案主要表现在侵犯财产及性暴力方面，而放火是其特征性的社会危险行为。另外，精神病人刑事作案，以蓄谋、冲动二者为主，共占81.9%，其余依次为随机作案和无目的作案。由此说明，精神疾病不仅仅是患病者个人的问题，而且也是必须妥善解决的严重、突出的社会问题。

第二节　精神疾患的社会病因

精神疾患的发生是复杂多样的生物、心理、社会因素相互作用的结果。只是诸因素对不同类型精神疾病的作用程度不同而已。其生物、心理因素包括：遗传、躯体健壮程度；对疾病的抵抗力、耐受力、易感性；性格特征、损伤中毒、细菌病毒感染等等。然而，随着社会的发展，尤其是在现代社会中，社会因素对精神疾患的致病作用越来越突出，甚至成为占主导地位的因素。精神疾患的社会病因主要包括：社会政治、经济、家庭婚姻、职业、文化、社会交往与意外生活事件等等。

一、社会政治、经济因素

社会政治、经济状况是影响人的心理健康、产生精神疾患的不可忽视的因素。

社会政治状况包括国家政局是否稳定，社会是否安定，社会政治环境是否民主、宽松以及社会节奏的紧张、快慢等，对人的精神、心理影响很大。在社会政治局面稳定、人民生活安定的和平时期，精神疾患的发病率较低。反之，在社会动荡、紊乱，国家政局不稳，缺乏民主气氛的社会环境下，人们在政治上受歧视、受委屈、受压抑、受迫害、受打击，会产生不安全感，形成心理压力和精神紧张，甚至出现思想上的矛盾、冲突。这种社会心理刺激时间过长或强度过大，可直接干扰人的正常精神活动，导致人格变态、心因性精神障碍，诱发精神分裂症、情感性精神病、更年期精神病的产生，从而使精神疾患的发病率明显增高。据武汉市一调查资料显示，在"文革"10年当中，精神病的年发病率随着社会政治形势的变化而增减。从1966年开始就诊次数明显上升，至1975年达到最高峰即7万人次，而后又逐年下降。

社会发展、城市都市化进程的加速，人们生活、工作节奏的加快；人口多、车辆多、交通拥挤、交通事故多；酗酒和吸毒社会人群的存在等等；也会使人产生心理的紧张、焦虑、精神疲劳，引发各种严重的精神疾患，给社会生活带来灾难性的危害。据精神病专家的几项调查研究表明：由于城市人口、交通、住房的拥挤，人际关系疏隔，生活紧张和不安全因素，使得大城市的精神病疾患的发病率远远高于郊区和农村。

此外，各种战争恐怖场面对人类生存的威胁；法西斯集中营的迫害；某些国家种族歧视以及对各种人身、言论自由的政治迫害等等；均是强烈刺激人的心理，产生精神异常反应的不良社会政治因素。据国外有关资料报道，第一次世界大战期间，战争神经症在当时总伤病人数中的比例很高，英国军队占34‰，加拿大军队占24‰，美国远征部队占9.5‰。另据美国对参加越南战争的退伍军人的调查发现，10年之后其身心所受到的伤害是未曾预料的，许多吸毒的精神病患者是参加越南战争的退伍军人。

社会经济是社会生活和社会变迁的基础，经济的发展变化对人们精神生活、家庭生活、生活方式起着重要的作用。社会经济地位、经济生活状况与精神疾病有密切的联系，它既影响精神疾病的发生，也可直接影响缓解康复期精神疾患的复发。

很多资料显示，社会经济地位较低、经济状况差，生活贫困的社会成员，精神疾患的发病率高于中、上等阶层社会成员的三倍。这是因为，经济地位高、经济力量雄厚、生活质量优越的人，营养状况良好，受教育程度较高，注意精神卫生保健。即使一旦患有精神障碍，为保障身体健康，适应理想职业的需要，主动求医愿望也较强烈。他们请精神科专业医生做"健康朋友"，通过向医生的咨询，获得有关科普知识；在严谨的医疗指导下，坚持服用抗精神病的药物；在经济力量的保障下能及时住院，做到对疾病的早发现、早治疗，治愈率也明显高于贻误者。

相反，经济条件差、生活贫困者，由于经济负担较重，营养状况恶劣，可降低个体精神的发育，易患精神疾病。而贫困又影响受教育的条件和程度，导致不能科学地看待精神疾病，加上经济条件差，缺乏财力，使发病后因得不到及时、有效的治疗而反复发病转为慢性，造成精神衰退、社会功能受损，甚至产生精神残疾。

社会经济因素是多方面的，除经济状况外，如企业兼并、工厂破产倒闭，对评职或奖金问题引起的心理障碍；个人的贪污受贿造成精神紧张、焦虑恐惧甚至人格变态等等；都是导致精神疾患产生的社会经济因素。

二、婚姻家庭因素

家庭是社会的细胞，婚姻是家庭的基础。婚姻、家庭实际是微观的社会环境。婴儿由一个自然人呱呱落地为社会人，社会化过程最早和长期生活的社会环境就是家庭。家庭规模的大小、形式表现，家庭功能的发挥状况以及婚姻关系的状况，明显地影响着家庭成员的生活质量和精神健康,成为精神疾患产生或复发的重要因素之一。

(一) 恋爱婚姻的失败对人精神健康的影响

恋爱婚姻问题是青年男女人生道路和精神生活中的大事,对人精神心理的影响是巨大的。恋爱的成功,美满姻缘的缔结,可使人们心情舒畅、精神愉悦;而恋爱婚姻失败造成的失恋,则会使人情绪低落、精神萎靡。现代社会的优越物质生活条件使人们对各种不利因素的心理承受力日益降低,特别是处于青春期的社会人群,精神心理相对更脆弱,易受不良因素的伤害,属于精神疾患发病的高峰期。一旦出现婚姻上的失恋,常常导致许多当事人的精神崩溃,并由此而引发各种精神疾患。据有关资料表明,在 20~30 岁的年龄段,精神分裂症的发病人数占该患病总数的 50%。

(二) 不健全的家庭形态和不良家庭环境对精神疾患的影响

家庭形态与家庭环境是影响人类精神健康的又一重要因素。家庭是社会的最小单元,人的一生主要在家庭中度过,家庭的状况对人精神心理的影响不仅巨大,而且是长期、持续的过程。影响精神健康的不健全家庭形态和不良家庭环境,主要有以下几种:

1. **不和睦的家庭**　在这种家庭中,由于夫妻或其他家庭成员感情不融洽,经常发生矛盾、冲突,家庭关系长期处于紧张状态和敌对的气氛中,会使家庭成员产生紧张、焦虑、怨恨和抑郁等不良精神反应。尤其是儿童,在缺乏家庭温暖和稳定的家庭中成长,容易使其效仿而偏离正常的个性,甚至发展为极端的反社会行为或精神的异常。

2. **不健康的家庭**　是指家庭成员(主要是夫妻)具有明显的性格缺陷或不良品质的家庭。如夫妻一方患有精神疾患、人格障碍、酗酒、赌博、贪污、受贿、盗窃、性生活不检点等等,通过言行、身教的影响,对社会成员特别是儿童的个性心理品质具有不良的作用。

3. **对子女过于溺爱或严厉的家庭**　在对子女的关爱和教育中,过于溺爱或过于严厉都会影响子女人格的正常发育和精神健康。我国目前家庭,独生子女居多,父母大多过于溺爱子女,为其提供优越的生活条件,娇生惯养,使"三岁看大""六岁看老"的良好传统家庭教育缺失。对特殊环境下培养的"温室花朵",因从小受过度呵护,可能会形成胆小怕事的恐惧心理,使社会交往困难。而对子女教育的过于严厉,则又容易造成儿童的紧张、自卑、逆反等心理和不诚实的品德,这些个性缺陷使子女长大后因不能很好地适应社会而形成易病倾向的人格。

4. **经济生活困难的家庭**　经济是家庭精神生活的基础,家庭经济富裕,可以减少家庭生活上的许多困难,避免家庭矛盾。相反,家庭经济困难,家庭成员经济负担过重,可增加人们心理的压力,产生家庭矛盾,影响精神健康。有关调查资料表明,50%以上的家庭关系不和与家庭经济状况有直接的联系,它也成为精神疾病产生、复发的重要原因之一。

5. **夫妻离婚、家庭破裂的单亲家庭或重组家庭**　夫妻感情破裂后离婚,子女由一方承担组成单亲家庭。在单亲家庭中的子女,由于只有父或母一方的关爱,会产生自卑感和性格缺陷。不仅如此,异性的单亲家庭(如父亲与女儿,母亲与儿子)还会使子女产生心理上的恋父或恋母情结,以致影响其今后的婚姻和家庭生活。而夫妻离婚后的重组家庭,又会带来因父母再婚,子女对陌生成员适应的紧张压力。总之,无论是单亲家庭还是重组家庭,家庭功能的不健全,会影响子女个性的正常发育。

6. **与老人同居或老年人独居的家庭**　老年人的躯体机能和精神功能日趋衰退。在老年人与子女同居的家庭环境中,由于两代人对生活不同看法形成的"代沟",可引起矛盾、冲突和对抗,进而加重对老年人的精神刺激。而老年人独居的"空巢"家庭,因缺乏温暖的家庭生活，又会使老人产生孤独之感。长期生活在"代沟"和"空巢"家庭中的老年人，在环境的影响下易患精神抑郁症。

家庭婚姻问题是导致精神疾患的重要因素，应引起当代人们的关注。应用哪些技巧创造一个健康、舒适、和谐、安定、绚丽多彩的家庭氛围；掌握哪些科学知识，以维持家庭的内聚力；涉及许多社会学问题。

三、文化职业因素

精神疾患与人的文化水平和职业状况也有一定的联系。

不同的文化及社会文明程度，其精神疾患的患病率大不相同。在文化落后的原始部落，人处在蒙昧、野蛮的状态，精神分裂症的发病率很低；而在文化较发达的现代城市，精神分裂症、情感性精神病、抑郁症、人格障碍和神经症的患病率则较高。在农村，文化水平低、文盲比重大的地区，精神发育迟滞、癔症的患病率高。

个体的精神状态同所受的文化教育程度、道德情操、修养水平也息息相关。在文化教育程度较低的地区和文化、道德修养水平较低的社会人群，如工读学校，少年犯管教所及成人劳动改造机构的犯人等，变态人格的发生率很高。另外，未经科学合理教养的儿童及未得到良好教育的青年，也容易形成病态人格。尤其是受溺爱过度的独生子女，其生活能力和心理承受能力很低，一旦在学习中遇到困难或生活中出现问题就无所适从，造成精神紧张和负担，导致病态人格的发展。表现为逃学、退学、偏离正轨、不务正业、撒谎、违反职业纪律、盗窃、抢劫、甚至他伤、自伤及自杀行为等。有些人还会出现行为怪癖反常、疏远社会交往或与人交往过程中不通情理等等。提高文化水平，注重社会文明程度的教育，加强对儿童心理健康、人格发育和青年社会适应能力的培养，是降低社会精神疾病发病率的有效措施。

职业因素涉及内容较广，如工作的调整，专业、职责、工作时间、条件的改变，劳动强度过大，劳动能力的降低或丧失，工作的失意、不满，因工作中的差错而受到批评，以及解聘、下岗、退休等等，对人的精神健康影响很大。在现代社会，社会各项职业管理均趋于规范化、科学化。面对市场经济的竞争，新技术的应用，劳动力的重组，社会对人们职业素质的要求越来越高。能否适应社会的需求，主动地学习，不断更新知识，提高自身的职业素质，是在当今社会立足的关键。而这无疑也增加了人们的紧张和焦虑。有些人对承担的工作不适应，工作效率低，时常受到领导的批评；有的人因工作不称职或企业改组被解聘、下岗或提前退休等等；都会造成精神负担，产生焦虑、愤怒的刺激反应和心理异常，导致精神障碍，引发精神疾患的产生和复发。据对国内512例精神分裂症发病因素的调查结果发现，与工作因素相关的有44例，占发病总数的17.19%。

因对职业不适应所产生的精神障碍，主要是神经症、焦虑症、心身疾病和心因性情感反应、性格偏离、精神病等。还有些失业、待业者受家庭和社会双重紧张压力的刺激，心郁不舒，极易产生心理变态，出现恶性破坏的病态行为，危及家庭、社会的安危。

因此，完善社会保障体系，转换企业机制，开发多种就业渠道，妥善安置剩余劳动力，对促进社会安定，提高人民精神健康具有经济战略意义。

四、社会交往与意外生活事件

社会交往和意外生活事件是引发精神疾患的至关重要的因素。

交往是人类基本的社会活动方式。随着社会的发展和开放，人们的交往越来越频繁，交往内容日益丰富，交往形式也日趋复杂、多样。然而，由于人们生活、工作环境的不同，社会角色的变化，使社会交往受到限制，从而影响人的心理健康。

首先，老年人从工作岗位退休回到自己的小家庭中，社会交往频率的下降，交往范围的变窄，导致其人际关系的疏远。这使老年人对生活内容和环境节奏的变化难以适应，易患"退休综合症"，产生烦躁、抑郁、自悲、失落等负面情绪或躯体不适感。这种状况如得不到家庭成员与社会的及时理解、帮助和指导，可导致老年期精神疾患。

其次，特殊生活环境形成的社会隔离，缺乏社会交往，可使人们产生不同程度的心理情绪障碍和精神疾病。如居住深山老林的居民，因交通不便，很少与外界来往，在人群中可出现怯生、紧张、孤僻或者偏执等心理问题和精神症状；对孤残儿童的养育不良，与人群疏远，缺乏家庭或亲人的抚爱，可使人格畸形发育，在社会生活中出现逆反心理及反社会行为等；孤寡老人因社会经历及生活事件的影响，可出现疑心、孤独、抑郁症状，情感性精神障碍；对精神病人传统的隔离治疗，可导致病人难以适应社会，甚至使病情迁延或精神衰退。

再次，在工作单位的人际交往中，因人们性格、气质各异，工作情况、看问题角度和层次的不同，使同事之间的关系协调比较复杂，而出现各种刺激因素，影响精神健康。如果彼此缺乏理解、产生摩擦，会损害个体心理的稳定性，造成精神障碍。有些人为此而患上社交恐怖症，与同事、领导、邻里的交往缺乏自信，导致社交活动不足，甚至丧失社会交往能力。

最后，某些特殊群体如残疾人、国外留学或工作人员等，由于残疾障碍或语言不通等因素导致与世隔离，不能进行正常的交往，使之心灵遭受严重创伤，出现"社会剥夺性综合症"的精神障碍，表现为孤独、抑郁、恐惧、空虚或自杀情绪。由此可见，恰当适宜的社会交往是保持人类心身健康，预防精神疾患的重要社会氛围。

刺激性生活事件是社会生活过程中引起人的心理平衡失调的重大事件。它可以使人的机体处于精神的应激状态，表现为：意识警觉度高、敏感、思维不集中、懒于思考、情绪易激惹、激动、坐立不安、手抖、口渴、尿频、心态不佳、睡眠障碍、烟酒量增加等等。

引起人们精神应激状态的生活事件主要有以下几个方面：

第一，社会生活中的重大事件。如战争、瘟疫、灾荒、地震、社会动乱、重大意外事故、水灾、火灾等等。第二，家庭生活中的重大事件。如家庭财产被盗、家庭成员患严重疾病、结婚、婚变、丧偶、丧子、父母过世、车祸、破产等等。其中，以各种形式造成的家人死亡对人的精神刺激更大，它可以引起人们长、短期忧伤的心理异常，称为"居丧效应"，严重者可出现抑郁症或自杀。第三，个人生活中的重大事件。例如，失恋、升学的挫折、工作的不顺、下岗、生活习惯的改变等等。

1973年，美国华盛顿大学医学院精神病学专家Holmes首创了生活事件量表的方法。他对5000多人进行了社会心理调查，把人们在社会生活中所经历的43项常见的生活事件（Lifeevent）依机体承受力归纳并划分等级列成量表，将每个生活事件引起人们生活变化的程度或心理应激的强度，称为生活变化计量单位（L.C.U）。其中，人为地把配偶死亡的生活改变计量单位定为100，其他生活事件的计量单位由受试者参照上述标准自评确定，最终获得人们对43项生活事件计量单位的平均值，以此作为常模。受试者一年内生活事件的项目与次数按常模中的评分累加，确定生活变化计量单位的总值。根据有关资料统计，如果一个人每年的生活事件变化计量单位总值超过200单位。会有50%的人出现程度不同的心理障碍；

如超过300单位，第二年生病的可能性达70％。1985年，我国有人在10个省市对1000多人进行了社会心理调查，并编制了适合中国人生活事件模式的评分表，其中部分项目有所变化，但评价结果相同。重大生活事件对精神分裂症、抑郁症具有触发或加剧病情恶化的作用。

第三节 对精神疾患的社会护理

一、对精神疾患社会护理的意义

1. 加强对精神疾患的社会护理是全社会的强烈呼声。随着我国社会经济的快速发展，人民生活水平的提高以及人类疾病谱的变化，精神疾患已成为一种严重危害人们身心健康的疾患。目前，我国的精神疾病患者达1600万，而全国的精神病院有657所，精神科医护人员7.7万人，床位只有17万张，每年收住医院治疗的病人为30万人次，仅占患病人数的2％左右，而90％以上的精神病患者生活在社会中。即使在精神科住院机构相当发展的国家里，仍有3/4的患者分散在社会中。精神疾患严重影响社会的安定，一人患病常常累及家庭、单位和社会。因此，精神卫生机构需要与患者家庭、单位、社区、民政、宣传、公安等各个社会领域、部门相互配合、协作，普及精神卫生知识，加强对精神病患者的社会护理，创造有利于患者康复的良好社会环境，提高患者适应社会的能力，以预防、减少精神疾患的发生，降低精神疾患的患病率，提高治疗和康复水平，这不仅是重要的公共卫生问题，而且也是突出的社会问题，它已成为全社会的强烈呼声。

2. 加强对精神疾患社会护理有利于预防疾病、减少发病率，维护与增进人类健康水平，有效地保护劳动力。精神疾患的产生与社会的竞争、紧张、生活节奏的加快、交通拥挤、噪音等不良的社会因素有着密切的联系，而一旦发病又会影响正常的生活、学习、工作和生产。因此，要有效地保护劳动力，控制精神疾患的发病率，不断地维护与增进人类健康，应将预防放在首位，致力于消除、减少引起精神疾患的不良社会因素，增强人们对各种有害社会因素的适应力。而加强对精神疾患的社会护理，向广大社会人群进行精神卫生知识的宣传和普及，提高人们心理的社会适应力，是预防疾病、增进健康的廉价、有效的措施。

3. 加强精神疾患的社会护理有利于疾病的尽快康复，重返社会，并减少疾患的复发。社会环境是影响精神疾患发病的重要因素之一，对精神疾患的治疗和护理也应与社会结合并融于社会之中，才能取得最佳的效果。长期住院的精神病患者，由于长期与家庭和社会隔离，其社会适应功能会不断减弱，造成精神的进一步衰退，以致不能适应社会生活而无法重返社会。这不仅不利于疾患的康复，而且也容易复发。而注重精神疾患开放式的社会综合护理，加强患者与社会的沟通联系，可以增强他们的社会适应功能，防止精神衰退，有利于精神疾患的治疗恢复，减少复发，提高治愈率。

4. 加强精神疾患的社会护理与我国精神卫生工作的原则及世界卫生组织关于2001年"世界卫生日"的主题相一致。我国50年代，制定了"积极预防、就地管理、重点收容、开放治疗"的工作原则。为此，卫生、民政、公安部门曾两次召开全国性精神卫生工作会议，并逐渐在各省市、各部门建立了精神卫生协调小组、社区防治网，对精神卫生工作进行统筹管理，积极探索精神疾患的防治和管理模式。国家"八五"期间将精神疾患的康复管理纳入发展规划中。与此同时，世界卫生组织将2001年4月7日"世界卫生日"的主题确定为

"精神卫生：消除偏见、勇于关爱"。在这种内外环境下，综合社会力量，加强社区精神卫生网络，研究精神疾患社会适应的康复手段，开展社会护理，正是适应了社会发展的客观要求，与我国精神卫生工作的原则和2001年世界卫生日的主题完全相吻合、相一致。

二、精神疾患社会护理的基本原则

对精神病患者社会护理总的原则是系统、综合、整体性的原则，具体体现在以下几个方面：

（一）预防与治疗相结合

精神疾患的发生与社会环境和个体的适应能力密切相关。一方面，社会环境如生产、生活、卫生条件及社会风气的改善，可大大减少不良社会因素对人的刺激和影响；另一方面，个体适应能力的增强，可以提高人们对不良刺激因素的承受力。因此，对精神疾患的护理，应将治疗和预防相结合，并把预防放在首位。

精神疾患的发生、发展有其固有的规律，对精神疾患的医疗护理、康复护理，临床和社区护理，其专业性、技术性很强，必须有专家指导，由既具专业知识，又具实践经验的骨干队伍，形成技术指导网络，并在社会各部门的配合下，预防疾病、控制病情、防止复发，方能取得防治的最佳效果。防治工作的内容包括：一级预防即发病前期的预防，以减少精神疾患的发病率；二级预防即发病期的早期干预，以达到早发现、早诊断、早治疗、早康复，使之近早回归社会；三级预防即做好精神病患者的治疗和社会康复，预防病残、防止复发。

（二）院内与院外护理相结合

对精神疾患的社会护理，应将院内与院外结合起来，使护理贯穿于从发病住院到出院继续康复的全过程。

在发病住院期间，应根据不同病情阶段的需求各有侧重。在疾病急性发作期，应侧重临床的医疗、护理，以控制其病状，待病情稍有缓解则应加强安心住院、治疗疾病的心理护理。在缓解期，则要对病人加强各项功能的训练及康复护理，为他们回归社会做准备。同时，发挥其家属和单位同事与患者的沟通，使他们能面对现实，理解患者疾患症状支配下的不良表现，为患者出院后的继续治疗、康复，使之逐步适应社会、恢复社会功能，重新回到工作岗位创造良好的社会治疗、护理的环境和条件。

（三）护理人员与家庭成员的护理相结合

精神病患者经治疗出院后，家庭是他们生活栖息的场所，家庭成员是其朝夕相处的亲人，在促进患者康复的过程中，家庭处于特殊的重要地位。患者的家庭成员能否真诚、热情地接纳患者，并配合社区护士，遵照医嘱，做好家庭护理，帮助其适应社会，是患者精神康复的重要条件，对患者疾病的康复、发展、复发和衰退具有重要的影响。因此，对精神病人的护理不只是临床护士的职业，也是社会成员的责任，需要护理人员与患者家庭成员相配合。其具体措施如下：

1. 为巩固和促进患者健康，应遵照医嘱督促病人按时服药、定期门诊并观察其用药期作用，注意饮食护理。

2. 训练、提高患者对异常心态的分辨能力和调控能力。

3. 制定切实可行的作息时间表和劳作计划，促进患者从被动接受护理向主动进行自我药物、自我情绪控制，自我生活料理、操持家务和承担责任方面转变。

4. 帮助患者做好职业训练，鼓励他们积极参加社会公益活动，扩大社会接触面，以恢复其职业能力，使之由被动接触社会发展为融于社会之中。

（四）社会工作者与患者单位护理相结合

患者来自不同的单位，从事不同的职业，患者的工作单位既可能是引发疾病的重要来源，也是患者康复可利用的环境和条件。因此，在对患者的护理康复过程中，精神病社会工作者应与患者的工作单位相配合。具体措施如下：

1. 指导、帮助精神病人解决实际困难，疏通病人参与社会劳动的渠道，为其重返工作岗位创造良好的氛围和条件。

2. 沟通患者与家庭、社会、单位的联系，为满足病人的情感需求、寻求和提供解决问题的方法及应付事物的技巧。

3. 加强对有关知识、政策的宣传，使患者单位了解精神疾患的动态情况，提高对疾病的认识和理解，为病人提供适宜的服务、宽松的社会氛围和适应劳动的机会，使患者感到工作环境的温暖和自身的价值，也减少社会对患者的偏见和歧视。

（五）护理的区别对待与循序渐进相结合

精神病患者因生活经历、年龄、职业特点、文化程度、健康状态、性格、爱好、患病类型和病情阶段的不同，必然存在着个体的差异。这就要求对精神疾病社会护理的内容和态度应具有个体的特殊性、针对性。例如，针对精神分裂症的社会性衰退特点，在疾病期、缓解期和迁延期中，应加强社会功能训练的社会护理；针对老年期与青少年期患者的社会护理需求、躯体情况、社会期望值的不同，在社会护理中也应区别对待。

精神病患者虽具有再塑能力，但由于许多疾患病情较重，病期较长、易复发，所以要用学习的方法矫正病人的不正常行为，使其恢复、保持良好的社会功能，应是社会护理的长期任务。为此，护理人员应了解患者的价值观、期望值、社会需求、待人态度以及所处内外环境的变化，按照循序渐进的原则，以激励为方法，促进患者的自理、自信、自行照顾，逐渐使他们养成习惯，重新适应环境，掌握社会生活的技巧而重返社会。

三、精神疾患社会护理的具体措施

我国是一个人口众多的发展中国家，经济不很发达，国力尚不强大，面临着精神疾患的巨大挑战。要提高对精神病患者的社会护理水平，护理人员需要与政府、卫生、公安、民政、财政、社会保障等社会部门的通力合作才能实现。其具体措施如下：

（一）改善影响精神疾患的社会环境

1. 加强精神卫生知识的宣传、普及，消除对精神病人的社会偏见，尊重和保护精神病患者的人格、尊严以及被社会理解、帮助，享有医疗、护理的权利，给他们以应有的关爱。

2. 采取开放管理、照顾的方法，帮助病人保留和重新建立社会关系，尽可能地创造条件，增加病人同周围人际交往的机会，以保持其与家庭及其他社会关系之间的沟通与情感交流，使病人始终置身于社会大环境之中。

3. 缩短精神病患者的住院时间，矫正长期住院的"社会剥夺"现象。提倡患者在短期内控制病情、遵医嘱按时服药的情况下，带着残留症状从事力所能及的社会劳动，以促进病人社会功能的恢复、完善。

（二）加强精神卫生宣教，提高病人对社会的心理适应能力

大多数精神病患者经在医院系统治疗后，病情缓解，但普遍残留社会功能的损害。表现为：第一，残留"病人"角色的行为方式，不主动与人交往，深居简出，独往独来，不能主

动配合家人承担家庭责任。第二，不能履行社会角色应尽的义务，学习、劳动效率下降，对自己原有的工作和学习任务不能胜任。第三，个人生活缺乏主动性，甚至需要督促、照顾。

要根本扭转精神病人的上述不良状况，减轻、消除其残留的社会功能缺损，使病人循序渐进地进入社会角色，担当起社会职能，发挥应有的社会作用，护理人员应通过工娱疗护理，从集体和个人两方面对病人加强精神卫生教育，增强患者生活的自信，消除自卑心理，不断提高他们对社会的心理适应力。其具体措施如下：

1. 使病人在住院期间了解精神疾患的基本知识，包括疾病不同阶段的病态症状和矫正方法，以及控制疾病发展的用药需知等。

2. 通过作业疗法，转移其病态注意力，减轻和缓解其症状。

3. 通过工疗法使病人在劳动中获得再学习的机会，防止社会功能衰退。

4. 建立群体角色联络，避免社会行为退缩，促使患者恢复正常的人际交往。

（三）注重精神疾患社会护理的多样性

精神疾患的社会护理是社会各部门协作的系统工程。施与的方法也具多样性，它包括医疗、工娱疗、心理护理；家庭康复与社区康复等等。

家庭康复护理是社会护理中重要的环节和内容，承担着患者的监护职责，维护着患者的生理需求，医疗、健康权益，合法民事权利，以及患者自身、他人及财产的安全等等。家庭是社会的基本单位，病人只有首先适应家庭生活，才能逐渐适应社会生活。护理人员应通过精神卫生宣教的指导和家庭支持，帮助患者家人树立崇高的道德情操，宽容病人，关心照料病人，与病人进行正常的情感交流，鼓励、帮助他们参与适当的家务劳动。

在社区内，要根据精神病患者的数量和患病不同阶段（疾病期、波动期、缓解期、慢病期）的基本情况，有针对性地设立康复机构，对各社区的精神病患者进行有计划、有组织的系统性综合防治。其具体机构形式有：

1. 精神疾患咨询中心：可对家有精神病患者的人们提供用药、护理等技能的指导。

2. 日托站：是病人出院后，回至家中的中转站。在这里病人既受监护又接受治疗，晚上回家与家人一起生活。

3. 康复工疗站：设有各种作业场所，病人可选择、从事力所能及的工作，使他们既参加了劳动，逐渐适应社会，还可得到劳动报酬，体现自身价值，增强患者的自信心，这对疾病康复有良好的促进作用。

4. 日间医院：为病人提供白天住院，接受药物、心理治疗的场所，以解除家属因工作带来的护理病人的困难和负担。

5. 日间康复中心：即由志愿者构成的义工组织。在这里，病人参加娱乐、交往、自我护理，从事就业前的训练如工业加工、清洁工作等等。

6. 夜宿中心：对病情有所缓解，恢复自知力，但离家庭接纳尚有一定差距者，安排日间回到家庭与社会中，从事家务或劳动作业，晚间回夜宿中心休息，同时与护理人员交流劳作及社会交往情况，共同进行评价和接受指导。

7. 精神疾患亲友协会：是精神病患者家属相互交流、沟通信息，寻找解决、应付有关精神病人治疗护理中各种问题的方法和技巧的组织。在这里，人们可以获得为精神病人提供良好治疗、康复、社区服务的信息，也使家属有渲泄、疏导、喘息的机会。

总之，应密切家属与社会工作者、专业护士的关系，协调与政府的沟通，通过多种途径、多种形式，做好精神病患的社会护理。

第十二章 临终关怀的社会性与社会护理

临终关怀是现代医学、护理学研究的基本内容，也是当前临床护理工作的重要组成部分。由于临终关怀的特点主要是对临终病人实施精神、心理的安抚和生活上的照顾，即心理、社会护理居于主导地位。所以，临终关怀也成为护理社会学研究的重要课题之一。

第一节 临终关怀产生的历史必然性及其社会意义

一、临终与临终关怀的概念

临终是指由疾病或意外事故而造成人体主要器官的生理功能趋于衰竭，生命活动即将结束、濒临死亡的状态和过程。临终病人的临终过程大都以走向死亡为终结，但在时间上则有长有短。短则数小时、数天、数周，如突发意外事故造成的脑干、心脏、肝肾等主要脏器的严重损伤或心血管疾病的急性发作等；长则可为数月、甚至数年，如某些慢性病导致的器官功能衰竭或癌症晚期等。

当然，随着医学的发展，抢救与维持生命的许多新技术的产生，不排除某些病人的生命可能得到延长，甚至会转危为安、绝处逢生。也有些病人还会在脑死亡状态中继续维持着"植物"性的生命。

所谓临终关怀包含两方面的含义。其一，是指临床护理工作中，对临终病人即已无康复希望、生命活动即将走向终点的绝症晚期患者，及其家属给予最大的爱心和温暖，并通过全面的缓和性和支持性的护理措施，最大限度地减轻他们的心理和躯体痛苦，使临终者平静、安详、尊严地走完人生的最后旅途，死而无憾；使死者家属得到慰籍而问心无愧。其次，临终关怀还是现代医学领域中一门新兴的交叉学科，即研究临终病人生理、心理发展规律和为临终病人及其家属提供全面照护规律的科学。它与医学、护理学、心理学、伦理学和社会学等诸多学科密切相关，有独特的伦理道德价值。

二、临终关怀的产生和发展

现代先进的医疗技术虽然给人们带来了健康、长寿，但生命的奥秘并未完全揭示，某些疾病目前仍无法治愈，绝大多数临终病人最终不能转危为安、摆脱死亡。这促使人们开始积极探究如何通过提高临终病人生活、生命的质量，使他们能够舒适、安宁地度过人生的最后阶段。临终关怀及其护理就是在这种前提下应运而生的。

临终关怀的起源可追溯到西欧中世纪的修道院、收容所和济贫院。当时的 HOSPICE 均由教会所办，旨在为徒步朝圣者、疲惫旅游者、生病流浪者提供临时歇息的场所或遵照慈善仁爱的教义为贫困、濒死者提供照护，使其安然地死去。

现代的临终关怀护理始于 20 世纪 60 年代英国的圣·克里斯多佛安宁院。这是 1967 年由有着护士背景的英国医学专家桑德斯博士在伦敦创建的世界上第一个设备齐全、服务专业化的现代临终关怀机构。该院旨在为临终病人及其家属提供精心的医疗、护理、照料与关怀，帮助临终病人平静、安宁地度过生命的最后阶段。此后，临终关怀活动在世界上的许多国家和地区逐步展开。

我国的临终关怀护理最早产生于1988年7月。天津医学院首先创建全国第一所临终关怀研究中心，设病床26张。同年10月，上海市退休职工管委会和南汇县共同创办了临终关怀护理医院（南汇护理院），设病床80张。创办期间共收治年迈久病、弥留人间的老人达200多名，以此带动了我国临终关怀活动与服务的发展。

目前世界上临终关怀的机构与形式种类较多，在国外主要有三种类型：（1）独立的临终关怀院；（2）附设的临终关怀机构；（3）家庭型临终关怀。参与临终关怀的社会成员有护士、医师（包括心理医师）、社会学工作者、药剂师、营养师、理疗师、志愿者、宗教人士以及病人家属等。由于各种临终关怀机构和社会各界人士的共同努力，使临终病人在整个临终过程中得到了全方位的关怀、照顾，身心痛苦获得了最大限度的解除。

三、临终关怀的社会意义

临终关怀的出现和发展，对整个社会产生了深远的影响，具有重要的社会意义。

首先，临终关怀的产生是现代社会文明的重要标志之一。社会文明是人类社会历史发展的进步状态，它是指人类摆脱蒙昧、野蛮的状态而逐步开化和进步的程度。社会文明不仅表现为人类改造、利用自然能力的日益增强，即物质文明的进步；也表现为社会的科学文化、思想道德和自主意识等方面的不断发展和提高。

奴隶社会和封建社会的专制统治，极大地扼杀、限制了人的民主权利和自由。从15世纪开始，伴随资本主义的产生，新兴的资产阶级为反对宗教神学和封建专制，积极地宣扬和倡导人的自由、平等、民主、权利，并以此作为推翻封建制度的思想武器。尽管资产阶级宣扬的民主、权利在本质上是维护资产阶级利益的，但它对促进人的民主意识的觉醒与发展具有重大的推动作用。

随着现代社会文明的发展，人们拥有的民主和社会权利日益增多。人们不仅追求生存的权利，而且对生命即将走向终点的临终阶段以及逝世之后的社会权利也开始重视和关注。

临终阶段是人生中的特殊阶段。虽然医学手段已无法挽留人的生命，但现代社会文明的发展与科技的进步，可为临终病人的生存质量及基本权利的提高与满足提供可靠的保障。临终关怀的产生和发展，正是体现了人们对临终病人社会权利的了解、承认和尊重，体现了社会对这些曾为他人和社会做过贡献，而现在又急需救助的人们的报答和安抚，它构成了现代社会文明发展的重要标志之一。

其次，临终关怀的产生和发展也是人道主义精神的具体表现。救死扶伤，实行革命的人道主义是医护人员应尽的义务，也是医疗、护理工作的职业道德。这种职业道德的具体体现，随着护理的社会化以及护理对象、范围的不断扩大而日益扩展，它已延伸到从健康人到病人（包括临终病人）等一切有人的地方。对健康人的护理是进一步促进健康；对有患病潜在危险的人是预防疾病；对患病的人是协助康复；而对临终病人则是减轻痛苦。因此，在临终关怀中医护人员对生命垂危、即将走向生命终点的临终病人的精心护理、关怀和照顾，满足他们的各种生理、心理、社会方面的需求，最大限度地消除或减轻病人的身心痛苦，使他们在临终过程中感受到人间的温暖，平静地离开人世，这应是医护人员人道主义精神的最集中、最突出的表现。

再次，临终关怀的产生和发展，还是新的医学、护理模式的客观要求。在旧的生物医学和功能制护理模式下,护理工作以疾病为中心,即围绕着人体的局部疾病实施相应的治疗和护理。护士进行的各项护理及技术操作均是针对患病的局部,见病不见人。并且认为,如果疾病不能治愈,所实施的医疗和护理都是毫无意义的。因此,有些护士面对形体憔悴的临终病人,常常是面孔冷漠、语言生硬、操作不负责任。对于病人的心理、行为变化,生理、心理、情感上的需求以及家属的心态,也往往很少有人主动问津,更谈不上提高尚存的生活质量和生命的价值。

随着医学、护理模式的转变,新的生物、心理、社会医学及责任制整体护理模式的产生,要求护理工作以整体人为中心,把病人看作是生理、心理、社会因素的综合体,对病人实施全身心的整体护理。作为临终病人,只要他们的生命没有终止,就仍然有生活的权利,有满足他们生理、心理和社会等方面需求的权利。尤其是在病人躯体疾病不能治愈的情况下,对他们施以精神上的慰籍、心理上的呵护和生活上的关怀、照顾,显得更为重要,而这正是临终关怀护理最基本的内容。因此,临终关怀的产生,既反映了新的医学、护理模式的客观要求,也是其发展的必然结果。

第二节 临终关怀的社会护理

一、临终病人的心理行为过程及特点

临终病人面对疾病的折磨和对生的渴望、对死的恐惧,处于极大的痛苦之中,在心理和行为上会出现许多复杂的变化。了解临终病人心理、行为的变化过程和特点,对于有针对性地对他们实施心理、社会的护理,提高对临终病人的护理水平具有重大的意义。

美国医学博士伊丽莎白·库布勒·罗斯(Elisabeth. Kubler. Ross)曾对上百名临终病人进行过心理调查和研究,从中发现临终病人的心理过程一般经历五个阶段,其各阶段的区分及心理、行为表现如下:

第一阶段,否定。病人表现为:震惊、焦虑、心神不定,认为医生判断有误,要求复查,企图逃避现实,少数人甚至可能采取自杀行为。

第二阶段,愤怒。此时病人虽已知病情,但不能理解,责怪命运不公。他们的内心充满痛苦、愤怒和怨恨,常以漫骂或各种破坏性行为向家属及医护人员发泄。

第三阶段,协议。病人开始承认疾病严重的事实,心理上存在着茫然、焦虑,并对以前的错误行为感到悔恨,要求宽恕。同时,频频提出要求,乞求好的治疗甚至期待医护人员能妙手回春,出现奇迹。

第四阶段,抑郁。病人已意识到自身疾病的治愈无望,心理上感到悲伤、绝望而情绪消沉、低落。在行为上或者沉默不语,或者急于向家属交代后事。

第五阶段,接受。这是临终病人最后的心理、行为反应。面对死亡的现实,他们开始接受,产生一种"认命"感。这时病人虽然少言寡语,并常常要求来访、陪伴者保持安静,但情绪、心理已趋于稳定和安宁。

库布勒.罗斯认为,由于病人个体的差异,上述五个阶段不一定相互交叉、衔接,有时交错,也有时可出现逆转的情况。并且,各个阶段持续的时间长短也不相同。

另有学者提出,临终病人的需求基本上是沿着马斯洛的需要层次论表现出来。在人生命的最后一程,最需要的是身心痛苦的解除和全方位的关怀。

有些心理学家根据病人临终过程各阶段的心理、行为表现，归纳为以下几个特点：

（1）易发怒　临终病人常常无端的向自己的亲人或医护人员发泄内心的不满和怨恨，他们不仅不配合治疗、护理，而且动辄训斥甚至漫骂，某些极端的病人还可能出现破坏性行为。

（2）易恐惧　临终病人对医护人员及家属的言语、神情十分敏感，稍感异常就胡乱猜疑、精神紧张，甚至不进食、不睡觉、夜间不让熄灯，频繁地呼叫护士和家属。

（3）易焦虑　临终病人常常处于失望和期待的矛盾之中，既想了解真实的病情，又顾虑证实之后不能承受；既期待或幻想着新的治疗方案和奇迹的出现，又对这种期待、幻想不断地推翻、否定，内心充满矛盾和焦虑。

（4）易悲伤　临终病人感到自己将不久于人世，永远地离开自己的亲人、朋友和同事，内心充满悲伤。有的病人常常沉浸在对事业、家庭、人生的回忆之中；有的病人想在诀别之前身旁能有亲人的陪伴；也有的病人则不愿让人看见自己痛苦、憔悴的面容，想以自杀或安乐死的方式尽快地结束生命，摆脱痛苦。

以上所述仅仅是临终病人的一般心理、行为特点。然而，在临终护理实践中，由于病人的文化背景、社会地位、人生观（尤其是生死观），以及年龄、性格、病程长短、症状性质等方面的不同，其心理、行为反应也会有很大的差异。例如，在生死观上，有人认为死亡是宇宙间事物的新陈代谢，是不可抗拒的客观规律，从而坦然地接受死亡；笃信宗教的人，把死亡看作是寻求新的存在，即转世或升入天堂的途径，而蔑视死亡；也有的人把死亡看作是痛苦、可怖，而惧怕死亡。又如，意志坚定者面对死亡会视死如归，性格懦弱者则对死亡惊慌失措；突然意外事故造成的临终过程短暂，又常常伴有意识的丧失，故尔给病人带来的心理痛苦较轻，但对其家属造成的心理刺激则较大；而肿瘤病人及慢性病患者的临终过程较长，对病人生理、心理上的折磨则是难以想象的。

此外，老年人由于年事已高，对死亡一般能坦然相对，而年幼的儿童虽然不理解死亡的寓意，但对病痛的折磨和治疗的痛苦则存在着强烈的精神恐惧，由此给其父母带来的心理打击也是巨大的。

二、临终病人的社会权利

人都处于一定的社会关系中，扮演着一定的社会角色，承担着各种社会义务，同时也具有相应的社会权利。这种社会权利伴随着人从生到死、从健康到疾病的整个过程，但在人生的不同阶段又有不同的特点。了解临终阶段病人的社会权利，并给予极大的尊重，是实施整体护理，满足临终病人心理、社会需要，提高护理质量的基本前提。

本书在《护理实践中的社会角色》一章中，对病人的社会权利已作过阐述，但由于临终阶段的特殊性，使得临终病人的社会权利必然有与一般病人相区别的具体差异性。为此，有必要对临终病人的权利特点作进一步的了解和认识。

有关临终病人的社会权利，我国目前尚未颁布专门的法规，而在国外虽然也没有专门论述临终病人权利的法律条文（仅有关于病人权利的规定），但在一些国家如美国医院协会1972年制定的《病人权利章程》中的《病人权利书》里有大量涉及临终病人权利的具体论述。现将此摘录如下，以供参考。

病人权利书

1. 直到我死，我有权享受活人的待遇。

2. 无论注意的中心如何变化，我都有权保持一种希望感。
3. 无论情况可能有什么变化，我有权受到那些能够保持希望感的人们照顾。
4. 我有权用自己的方式对即将来临的死亡表达我的感觉和感情。
5. 我有权参与决定对我的照顾。
6. 我有权要求医疗和护理的继续照顾，即使以"治疗"为目的必须变为"安慰"为目标。
7. 我有权要求不要孤独地死去。
8. 我有权对自己的提问得到忠诚的回答。
9. 我有权使我的家属为接受我的死亡而得到帮助。
10. 我有权死得平静而庄严。
11. 我有权保留我的个性和决定，与别人的信仰不同时不受评判。
12. 我有权要求死后的遗体受到尊重。
13. 我有权受到细心的、敏感的、有知识的人照顾，应尽力了解我的需要，并且在帮助我面对死亡时给予某些满足。

三、临终关怀社会护理的基本内容和具体措施

临终关怀的目标是"满足模式"，是使病人舒适、安宁、平静地死去。由于临终期病人治愈无望和疾病的折磨，使他们身心经受着难以克服的痛苦。与此同时，这种状况给病人家属带来的是照顾病人的疲劳和即将失去亲人的心灵创痛，以及思考和处理病人即逝给家庭带来的种种困扰和问题。因此，在临终关怀中是以社会、心理护理为主，治疗为辅。社会护理的基本内容主要是对病人及家属给予精神上的慰籍，心理上的疏导，生活上的关怀、照顾和支持。其具体措施主要有以下几点：

第一，以高度的责任心和强烈的同情心理解临终病人，并用真挚、亲切的语言和态度对待他们。无论病人的病情发展到何种程度，也无论病人处在何种情绪和心理状态下，护理人员都不可流露出厌烦或消极、失望的情绪。对病人的暴躁或怒气，应宽容、大度和体谅，进行温和的开导，并以高超的技术博得病人的信任，给他们以希望，增强他们的信心和安全感，使病人在有限的生命阶段体验到人间的温馨。

第二，通过谈心、暗示等心理疗法缓解、疏导病人的情绪，减轻他们的精神痛苦，使之平静地离开人世。在与病人交谈时，护理人员应掌握心理学、社会学、伦理学等人文科学的知识，了解每个病人在各个阶段可能产生的心理反应，根据病人的文化层次、社会背景、生活环境等因素，谈及病人以往的兴趣、爱好，引导其美好的回忆。也可通过施放轻柔、悠扬的音乐，缓冲病房内的沉闷气氛。还可通过适当放宽探视、陪床制度，为患者提供必要的社会联系，以减轻病人孤独感等方式进行疏导。同时，还应进行死亡的准备教育，帮助病人树立正确的生死观，使他们认识到死亡是生命的一个阶段，真正的痛苦不是死亡，而是疾病的折磨，引导他们在心理上战胜自我、正视现实，面对死亡泰然处之。

第三，把握临终病人一般的心理、行为特点和个性特征，尊重他们的社会权利，尽量满足各类病人的心理、社会需求。对未进入昏迷状态，思维、想象力和情感尚存的病人，应通过向病人简单介绍目前用药及治疗方案，以及征询病人对治疗、护理的要求和意见等方式，让病人参与治疗、护理的过程，以满足他们渴望被尊重、被接纳的心理。对有承受能力并希望了解病情者，可用耐心、委婉的语言，有保留地进行解释说明，并让他们了解疾病病因、

发病机理、诊断及治疗方法。对无法承受者，应协同家属实施保护性措施，隐瞒真实病情，免去患者不必要的心理负担。另外，对病人的最后心愿如结婚不久的病人，希望临终前再穿一次婚纱；有的外地病人最想看一看天安门的景色；还有些病人最后遗愿是穿着自己喜欢的服饰或某一亲人在自己身边等，都应尽量予以满足。

　　第四、了解临终病人生活、生理上的需求，掌握他们的生活习惯、风俗等，在生活上给予全面、周到的照顾。具体措施包括改善病室环境，使之安静、洁净、空气新鲜；及时更换污染的被服，定时给病人洗澡、理发、剪指甲、翻身、换尿布、喂饭等，保持病人身体各部位的清洁卫生，减少可能增加病人痛苦的因素，使病人在清洁、舒适的环境中度过余生。

　　第五、组织各种社会和文化娱乐活动，疏导临终病人的不良情绪，提高他们的生活质量。如举办联艺会，给病人过生日，拍照，游园，赠送礼品、杂志等；还可寻求社会如工作单位、学校、媒体及各种民间组织等方面的支持。让患者感受生存的价值，以此达到延长生命，减轻痛苦的目的。

　　第六、按照病人家庭居室的形式布置临终病房。如在室内插上鲜花，摆放病人的艺术照片；放置电视，让他们在病床上了解外面的世界；允许病人穿自己喜欢的衣服，床边有自己最亲近的人陪伴等；使病人在回家的感觉中度过最后的时刻。

　　第七、对临终病人的家属给予同情、理解、抚慰和支持。病人进入临终阶段，其家属在感情上会有相当长的时间难以接受即将失去亲人的现实。他们不忍心看到亲人所受的痛苦，而内心烦恼、心情沉重。当病人去世后，他们又陷入难以抑制的悲伤之中。这种心理反应根据家属与病人的亲密程度，病人的年龄，临终过程的长短以及亲属本人的性格、宗教信仰等因素的影响而有强有弱。

　　对于家属的这种心态，护理人员首先应设身处地地同情、理解他们，通过陪伴、聆听、解释等方式帮助他们宣泄情绪。其次，帮助他们解决实际问题，设法减少其精神紧张和体力消耗。同时，积极协助办理丧事并引导死者家属适应新的生活。

主要参考文献

1. 刘豪兴主编．社会学概论．北京：高等教育出版社，1999
2. 蔡建章主编．医学社会学．南宁：广西人民出版社，1986
3. 李恩昌、卢希谦、孙庆余主编．社会医学概论．西安：陕西科学技术出版社，1988
4. 周浩礼、胡继春主编．医学社会学．武汉：湖北科学技术出版社，1992
5. 郭继志、李恩昌、施培新主编．现代医学社会学．西安：陕西科学技术出版社，1988
6. 邹恂主编．护理程序入门—现代护理新概念．北京：北京医科大学、中国协和医科大学联合出版社，1992
7. 杜治政主编．护理学新论．北京：中国科学出版社，1991
8. 梁浩材主编．社会医学．长沙：湖南科学技术出版社，1988
9. 张方振主编．社会医学基本理论与方法．北京：人民卫生出版社，1995
10. 铃木美惠子、陈淑英主编．现代护理学．上海：上海医科大学出版社，1992
11. 肖顺贞主编．护理科研与文献检索．北京：北京医科大学出版社，1999
12. 郑杭生主编．社会学概论新编．北京：中国人民大学出版社，1993
13. 吕式瑗主编．护理学基础．北京：光明日报出版社，1992
14. 钟秀玲、翟亚萍主编．护理诊断及应用．北京：北京医科大学第一临床医院，1996
15. 张培珺主编．现代护理管理学（第二版）．北京：北京医科大学出版社，2000
16. 袁剑云、金乔主编．系统化整体护理与模式病房建设．北京：卫生部护理中心教育委员会组编，1995
17. 林菊英、巩玉秀主编．护理程序临床应用指南．北京：中国科学技术出版社，1999
18. 田民、郭常安主编．护理人际沟通．杭州：浙江科学技术出版社，1999
19. 胡佩成主编．医学心理学．北京：北京医科大学、中国协和医科大学联合出版社，1998
20. 赵柄华主编．现代护理管理．北京：北京医科大学、中国协和医科大学联合出版社，1995
21. 善冬江主编．整体护理理论与实践．北京：人民出版社，1998
22. 李伟主编．护理管理学．济南：山东科学技术出版社，1997
23. 郑修霞主编．当代教育学理论与护理教育．北京：北京医科大学、中国协和医科大学联合出版社，1994
24. 王益锵主编．中国护理发展史．北京：中国医药科技出版社，2000
25. 李丽传主编．护理管理（台湾华杏护理丛书）．北京：北京科学出版社，1998
26. 林菊英主编．医院护理管理学．北京：中央广播电视大学出版社，2000
27. 中国21世纪议程．北京：中国环境科学出版社，1994
28. 顾湲、吕繁主编．全科医学理论与实践．北京：世界图书出版公司，1995
29. 吴季松主编．知识经济．北京：北京科学技术出版社，1998
30. 北京市卫生局主编．2000年北京市社区卫生服务工作材料汇编．2000
31. 吴春容主编．全科医学概论．北京：华夏出版社，2000
32. 刘筱娴主编．妇幼卫生管理学．北京：科学出版社，2000
33. 北京市卫生局主编．北京妇幼卫生工作50年．北京：2000
34. 龚幼龙主编．社会医学．北京：北京医科大学出版社，2000
35. 顾大量主编．老年人年龄界定和重新界定的思考．中国人口科学，2000，3：44
36. 乔晓春等．中国人口老龄化世纪末的回顾与展望．人口研究，1999，6：33-34
37. 闫德学、马震主编．21世纪的健康主题：老年心理保健．北京：科学普及出版社，2000
38. 刘忭生、张思雄主编．实用临床老年病学．北京：中国医学科技出版社，2000
39. 肖健、王柄德主编．人际关系与老年心理健康．中老年保健，2000，4：4-6
40. 任玉堂主编．中老年常见疾病防治．太原：山西科学技术出版社．1998
41. 朱汉民等．21世纪上海老年保健发展战略思考．老年医学保健，1999，4：146-147

42. 张明园主编．精神疾病社区防治管理康复手册．上海：上海医科大学出版社，1995
43. 姜佐宁主编．现代精神病学．北京：科学出版社，1999
44. 殷大奎主编．在中国/世界卫生组织精神卫生高层研讨会的报告．北京：1999
45. 林菊英主编．社区护理．北京：科学出版社，2000
46. 林菊英、金乔主编．中华护理全书．南昌：江西科学技术出版社，1993
47. 潘孟昭主编．护理学导论．北京：人民卫生出版社，1999

后 记

护理社会学是护理学与社会学相互渗透的边缘科学。它是护理学、社会学发展的必然结果，是在医学社会学深入研究的基础上产生的。

随着医学护理模式的转变，整体护理的广泛实施，对护理人员的素质尤其是包括社会学在内的人文科学素质的要求越来越高。为了适应这种需要，近些年来国内外不少医学院校的护理专业已将社会学作为必修或选修课纳入护理教育体系之中。然而，由于至今缺乏护理社会学的教材，使这一课程的教学活动难以系统、深入地进行。为此，我们编写了《护理社会学概论》这本教材，以填补护理教育中社会学教材的空白。

此教材广泛吸取了国内外医学社会学研究中涉及的护理社会领域的研究成果，运用马克思主义哲学和社会学的基本理论，结合目前护理工作的现状和发展要求，对其中的社会现象、社会问题进行了分析和研究，并力求做到有理、有据，理论联系实际，以满足当前护理人员提高社会学素质的需要。

本书由王雯、刘新芝任主编，张惠霞、杨育华、袁爱丽任副主编。参加编写的人员有：第一章：王雯（北京大学医学部）；第二章：任荣芳（复兴医院）、刘新芝（北京大学医学部）、贯华（北京大学第一医院）；第三章：汪京萍（北京大学第一医院）；第四章：许新华、贾玉静（北京大学第一医院）；第五章：王雯（北京大学医学部）、袁爱丽（北京西城区卫生局）；第六章：张惠霞（北京大学第一医院）；第七章：王雯（北京大学医学部）；第八章：袁爱丽（北京西城区卫生局）、谭俊英（北京厂桥医院）；第九章：晋佩君（北京复兴医院）；第十章：邢怡宁（北京复兴医院）；第十一章：杨育华（北京精神卫生保健所）第十二章：董丽萍（北京西城区德外医院）。本书在编写过程中，参考引用了国内国外一些文献资料，并将此汇编整理，在书后作了注明；林菊英教授对教材的编写给予了极大的关怀和指导，并为此书写了序言；本书的责任编辑，对书稿进行了认真的审阅和修正。在此，向有关译、作者及指导者表示衷心的感谢。

由于时间匆忙和参编人员的水平有限，难免存在一些不妥之处，有待于进一步完善，望读者阅后给予批评指正。

编者
2001 年 7 月